3000万円以上節約できる！

絶対に損しない「家の買い方」がわかる本

電気、ガス、ガソリン代を
一生払わない家を建てる

三好 修 著

セルバ出版

はじめに

「3000万円以上節約できる」「電気、ガス、ガソリン代を一生払わない」「収入がアップする」――あなたは、どれがかなったら嬉しいですか？　実は、「たった1つのこと」をするだけで、すべてをかなえることができます。その「たった1つのこと」とは、「家を建てる」という選択です。

もちろん、どんな家でもよいわけではありません。建てる家の種類によっては、住宅ローンの返済に苦しんだり、メンテナンス費用が膨大にかかったりと、「こんなはずじゃなかった……」と後悔することもあります。

では、どのような家を建てれば3000万円以上の節約が可能で、電気代を払わず、収入アップも実現できるのでしょうか？　本書には、その秘密がすべて詰まっています。家を持つことで、単なる居住空間を手に入れるだけでなく、家計の負担を大幅に軽減し、将来的な資産形成も見据えた生活ができるのです。

3000万円以上節約できる家づくりの仕組み

なぜ家を建てただけで、3000万円以上も節約できるのでしょうか？　その仕組みを解説する前に、まず2つの質問から考えてみましょう。

「Q．現在、電気代とガス代を毎月いくら支払っていますか？」

仮に「2万円」とします。50年間その家に住むと仮定すると、50年間で電気とガスに支払う金額は2万円×12ヵ月×50年間＝1200万円です。しかし、将来的に光熱費の値上がりが予想されます。50年間で光熱費が2倍になれば、合計で2400万円を支払う可能性もあります。

「Q．現在、ガソリン代を毎月いくら支払っていますか？」

仮にこれも「2万円」とします。2035年からガソリン車の販売が禁止されることを考慮し、10年間をガソリン車、その後40年間をEV車と仮定します。EV車は年間で約1000キロワットアワー必要で、買電単価を50円とすると、2万円×10年間＋1000キロワットアワー×50円×40年間＝2240万円となります。つまり、電気代の値上がりがなかったとしても、50年間で2240万円の燃料費がかかる計算です。

この2つの答えを合わせると、50年間で「電気＋ガス＋ガソリン」に3440万円もの支出が必要になります。3440万円あれば、もう一軒家が買えると思いませんか？

この3440万円の出費を実質ゼロにする方法が、本書で紹介する家づくりの秘密なのです。自分たちが使う「電気＋ガス＋ガソリン」の料金をカバーできる家を建てることができれば、こんなにもお得なことはありません。

不動産キャリア40年の私が伝えたい「家づくりの真実」

ここで少し私自身の背景をお話させてください。私は小学3年生のときに両親が離婚し、父親と生活した後、母や兄妹と過ごすようになりました。学校の休みになるたびに大阪の祖母の家に寄せてもらい、祖母から「正しいことをしなさい」「母を助けなさい」「将来は母に家を建てて恩返ししなさい」という教えを受けました。これは私の人生に大きな影響を与えた言葉でした。

高校卒業後、私は不動産会社に就職し、初めて営業を任されて契約を取りましたが、その相手が母子家庭であったため、店長から「断れ」と指示されました。当時は母子家庭に対する偏見がありましたが、私は負けず嫌いな性格だったため、泣きながらも店長にかけあい、そのお客様に入居していただけるよう取り計らいました。

この経験は私にとって初めて「仕事の喜び」を感じた瞬間であり、今でも忘れられない貴重な思い出です。

27歳で独立し、さまざまな困難に直面しながらも、２０２５年には創業30年を迎えます。40年という不動産キャリアを通じて感じるのは、「人生を豊かにする家を建ててほしい」ということです。

そのためには、お客様自身が家づくりの正しい知識を持つことが大切です。

家づくりの未来を見据える

現代の家づくりには、エネルギーの自給自足が求められています。電力会社に頼らず、太陽光発電や蓄電池、断熱性の高い構造を採用することで、自宅で消費するエネルギーを自分たちでまかない、生活コストを抑えることができます。加えて、将来の資産価値も見込める家を持つことで、老後の安心も得られるのです。日本のエネルギー事情や環境意識の高まりを考えると、こうした持続可能な家づくりはますます重要性を増していくでしょう。

さらに、家づくりは「家族の幸せ」や「将来の安心」につながる投資です。単なる住宅購入ではなく、人生を支える基盤としての「豊かな住まい」を築くことが、将来の安定した暮らしに直結するのです。

持続可能な未来を見据えた家づくりの選択肢

「ゼロエネルギーハウス（ZEH）」という概念が広まっています。これは、エネルギー消費を抑えつつ、家庭内で使用する電力を太陽光などで賄う住宅のことです。ZEHを採用することで、日々の光熱費を抑え、地球温暖化防止にも貢献することができます。また、国や自治体からの補助金や税制優遇措置も受けられるため、初期投資を抑えることも可能です。将来的に資産価値が上がる可能性もあるため、持続可能な生活を送る上で非常に魅力的な選択肢です。

家の健康を守る「メンテナンス」の重要性

家は建てたら終わりではありません。快適で安全な住まいを維持するためには、定期的なメンテナンスが必要です。外壁や屋根の補修、給排水設備の点検など、日々の手入れによって家の寿命を延ばすことができます。また、将来的な修繕費用を見越して貯蓄することで、急な出費に備えることも大切です。メンテナンスを怠ると、住まいの価値が下がり、結果として資産価値の減少を招く可能性もあるため、長期的な視点で家を大切に扱いましょう。

「選ぶ」という大切な1歩

人生で家を建てることとは、一度きりの大きな決断です。情報をしっかりと集め、無駄のない支出と豊かな暮らしを同時に実現する選択をすることで、後悔しない家づくりが可能になります。例えば、地震に強い構造を選び、断熱性能を重視した設計にすることで、安全で快適な住環境を確保することができます。選択を誤れば「こんなはずではなかった」と後悔することもありますが、正しい知識と選択があれば、家は大きな味方になり得るのです。

未来への贈り物としての家

家は単なる建物ではなく、そこに住む人々が豊かで安定した生活を送るための「未来への贈り物」です。家づくりにおいて、目先のコスト削減だけにとらわれず、長期的な視点での価値を見極めることが重要です。家は、私たちが日々の生活を送り、成長し、家族や友人とともに過ごす「人生の舞台」です。だからこそ、快適さや安全性、持続可能性を追求し、誇りを持って住むことのできる家を築くことが大切です。

本書が、家づくりにおける「最良の選択」をサポートし、あなたの人生に豊かさをもたらす手助けになることを願っています。長い年月を共にする住まいだからこそ、しっかりと考え、慎重に選び抜いた家で、より充実した人生を送ってほしいと思います。

三好　修

2024年10月

3000万円以上節約できる！　絶対に損しない「家の買い方」がわかる本
～電気、ガス、ガソリン代を一生払わない家を建てる～　目次

Introduction　失敗しない家づくりの秘訣は「知識で武装すること」

第1章 「デザイン重視」から「ランニングコスト重視」の時代へ

第2章　電気の自給自足をかなえる暮らしをかなえる

第3章　もっと知りたい太陽光パネルと蓄電池の最新情報

第4章　自然災害に強い暮らしを実現する

第5章　クリーンエネルギーで快適に暮らす

第6章　これから家を建てるなら標準装備にすべき6つのポイント

Introduction

失敗しない家づくりの秘訣は「知識で武装すること」

1　大手ハウスメーカーの営業トークにだまされないで！

テレビCMや広告でよく知られているから信頼できるとは限らない

「俳優の〇〇さんが出ているテレビＣＭでもご存じのとおり、弊社には信頼と実績があるので安心しておまかせください」

「ウチは大量仕入れ、大量受注、大量生産だから、ほかのメーカーさんより安く家を建てられるんですよ」

「ちょうど決算前のタイミングなので、今ならお値引きできますよ」

ハウスメーカーの営業マンがこんなふうにアプローチをしてくることは日常茶飯事といっていいでしょう。彼らの放つ言葉は耳なじみがいいこともあって、「なるほど、そういうものなのかな」と思うかもしれません。

ところがこれらのフレーズは、ほとんどがいわゆる「営業トーク」。つまり、まったくのウソではないかもしれませんが、１００％真実ということでもありません。

たとえば、誰もがよく知っている俳優やタレントを起用したテレビＣＭを放映しているからといって、それが信頼と実績の高さを証明することにはならないはず。実際、テレビＣＭで知名度を上げた企業が不祥事を起こすニュースも珍しくありません。「その会社の顔」としてCMに出演していた有名人は契約解除をすれば多少のイメージダウンで済む話かもしれませんが、「あの有名人が出ているなら」と、その企業を信頼していて自分のお金を支払っていたために実害を被る消費者もいるでしょう。

家という買い物は決して安くはありません。後悔することがないよう、まずは「テレビCMや広告でよく知られているからといって、その企業の信頼や実績がたしかなものとは限らない」と心得ておいたほうがいいでしょう。

「大量仕入、大量受注、大量生産だから安い」の本当のところ

「大量仕入、大量受注、大量生産だから安く家が建てられる」という理屈も、一見すると筋が通っているように聞こえるのも事実。もちろん、それが食料品や衣料品ならあり得るでしょう。ですが、テレビCMを放映するような大きな規模のハウスメーカーならば話が別です。むしろ、大手ハウスメーカーのほうが、かかる費用の高さを感じるケースが多いのではないでしょうか。

なぜなら、全国展開しているような大手ハウスメーカーは、その地域の独立した会社に販売をまかせるディーラー制を採用していることが多いもの。販売だけでなく、工事も下請けの会

社にまかせることもあり、さらにその下に孫請けとなる専門業者に依頼することも少なくありません。

当然のことながら、間に入る業者が増えれば増えるほど、経費がかかるようになります。家を建てたいというお客様側からすれば、支払先は1か所だとしても、実際は途中のプロセスで目に見えない経費がどんどん加算されていることになるのです。

ほかにも、営業経費の問題もあります。大手ハウスメーカーは、住宅の受注をより多く獲得するために、大勢の営業マンを抱えています。その分、彼らに支払う給料をはじめ、福利厚生費や販売促進費といった彼らにかかる経費も莫大になります。

そうした中間業者や営業マンに支払う経費、テレビCMなどの広告費などが続々と加算された結果、大手ハウスメーカーの住宅の価格が高くなるということは簡単に想像できることだと思います。

「決算前だから」「キャンペーン中だから」の割引トークにも要注意

「決算前なので、今ならお安くできます」

「ちょうどキャンペーン中なので、通常よりお値引きさせていただきます」

このような誘い言葉に乗って、焦って住宅購入を決めることも避けてほしいことの1つです。

というのも、これらのフレーズは営業トークの常套句ともいえるものだからです。早く、確実に、住宅購入の契約を取り交わしたいという思いから出る、駆け引きや探り合いの言葉であることが多いのです。

私自身は、お客様に住宅を購入していただく際、営業マンによる強引な駆け引きや探り合いは必要ないと考えています。一生を左右する大きな買い物だからこそ、焦ったり慌てたりして決めるのではなく、納得のいく形で購入を決断していただきたい。そのためにも、私たちも自信を持っておすすめできる家づくりをしているのです。

2 「第一印象のよさ」より「知識の豊富さ」で〝デキる営業マン〟を見抜く

住宅全般の知識を広く深く身につけることが必要

私が考える「いい営業マン」とは、住まいについて勉強熱心で、お客様の住宅のことを自分事としてとらえている人だと思っています。

ときどき、第一印象はさわやかでソフトなイメージだけれど、ちょっと話をしてみると調子のいいことしか言わないタイプの営業マンを見かけます。この手のタイプの営業マンにおすすめされると「感じがよくていい人そうだから、信用しても大丈夫だろう」と思うのも仕方がないでしょう。

ですが、「感じがいい」だけでは「いい営業マン」とは言い切れないのです。

もちろん、私が自分の会社で採用し、育てている営業マンたちも「感じがいい」に越したことはありません。ですが、それよりも「正直な人間」であってほしいと考えています。立て板に水といわんばかりに流れるような営業トークをスラスラと展開することに注力するよりは、メリットはもちろんデメリットとなる部分も正直に伝え、お客様の将来の幸せな暮らしを最優先で考えられるような人。そうなるために必要なのは、自分の第一印象を磨くことではなく、住宅全般に関する広くて深い知識を身につけることなのです。

お客様の質問に「向き合う営業マン」と「かわす営業マン」

ところで、「お客様の将来の幸せな暮らしを最優先で考える」ということは、どういうことだと思いますか?

おそらく私の会社以外であっても、同じ業界で働く志のある営業マンは、そのことを念頭に置いているはず。ただ、それを実践できるかどうかが腕の見せどころでしょう。

では、具体的にどういうことが「お客様の将来の幸せな暮らしを最優先で考える」ということなのでしょうか。

たとえば、本書で私はもっともお伝えしたい太陽光発電のことで考えてみましょう。

ここ数年、電気代が急激に高騰しています。そのため、これから家を建てたいと考える多くのお客様のなかでも、太陽光発電についての注目度はとても高まっているのが現状です。

だからこそ、営業マンは現場でもお客様から「太陽光パネルをつけると、毎月どのくらい節約できますか?」「どんな蓄電池をつけたらお得ですか?」という質問を受ける機会も増えています。

こうしたお客様からの質問に対し、お客様の将来の幸せな暮らしを最優先で考えることを優先する営業マンなら、「お客様の家族構成とライフスタイルであれば、毎月の電気使用量はこのくらいでしょうから、太陽光発電にすることでこのくらい節約できるでしょう」「お車をお持ちでしたら、この蓄電池がおすすめです」というように、具体的な数字を上げて答えるでしょう。

もっと良心的な営業マンなら、お客様からの質問を受ける前に、「太陽光パネルと蓄電池をおつけにならなかった場合、今後はこんなふうに毎月の電気代としての出費が上がっていくことになります」というアドバイスをするでしょう。

仮に、すぐに答えることができなくても、自分なりに太陽光パネルや蓄電池といった太陽光発電について勉強し、お客様のケースで試算するなどしてからあらためて回答するなど、お客様からの質問に対して正面から向き合うはずです。

「お客様ファースト」か「売上ファースト」か

一方、お客様の将来の幸せな暮らしを最優先で考えていない営業マンは、「太陽光発電は儲からないと聞いているのでやめたほうがいいと思いますよ」「太陽光パネルは初期投資に結構お金がかかってしまうんですよね」というように漠然とした答え方でお客様からの質問をかわすでしょう。そして、「それなら要らないです」というお客様の合意の言葉を待って、ひとまず契約を取ることに走るのです。

太陽光発電をつけることの必要性についてはこの後に続く章で詳しくお話ししますが、ひと言でお伝えすると「これからの家は、太陽光発電をつけないと損」です。損になることがわかっていながら、お客様にそれをおすすめしないのは「太陽光発電のことを勉強するのが面倒だから」あるいは「太陽光発電を導入する分だけ初期費用が高くなってしまい、住宅そのものの購入を見送られるリスクを恐れているから」でしょう。

ですが、前者の「太陽光発電のことを勉強するのが面倒だから」は、会社から給料をもらって働くビジネスパーソンとしては怠惰としかいいようがないことですし、後者の「太陽光発電を導入する分だけ初期費用が高くなってしまい、住宅そのものの購入を見送られるリスクを恐れているから」は、太陽光発電のことを勉強すればそれがリスクではないことがすぐにわかります。すると、「初期費用はかかっても、住み続けることでそのお金は十分回収できる」ということを、お客様に率直に説明できるでしょう。

つまり、太陽光発電についてのお客様からの質問をはぐらかすような営業マンは、「お客様ファースト」ではなく、今この瞬間の「売上ファースト」で考えている、ということになります。

このように、お客様の将来の幸せな暮らしを最優先で考える営業マンは、お客様からの質問1つで見分けることができるのです。

3　家づくりの基本は「儲かるか」より「正しいか」で選ぶ

後悔しない家づくりのために真実を知る

本書を手にとってくださった方は、「太陽光発電って、本当に得なのか？」を知りたいと思い、自分自身で学ぼうとする意欲がある方ではないでしょうか。

だからこそ、太陽光発電の現状やどのようなメリットがあるのかを詳しくお話しする前に、私がどんな思いで家づくりという仕事に携わっているのかをここで少しだけお伝えしたいと思います。

プラス面だけでなく、マイナス面もいろいろな噂がまことしやかにささやかれることの多い太陽光発電。そもそも、ハウスメーカーにまかせる部分が多いためにどことなく透明性に欠けるイメージを抱かれがちな家づくりですが、少なくても本書の読者には真実を知ってもらって、後悔しない家づくりをして、この先ずっと豊かで幸せな暮らしをしていただきたいと考えています。

私がそのお役に立てれば幸いですし、家づくりに対して熱い思いのあるハウスメーカーに出会えることがどれだけ重要かを理解していただければ望外のよろこびです。

利益を捨てて、正義をとった「基礎工事やり直し事件」

これからは、「儲かるか、儲からないか」ではなく「正しいか、正しくないか」を判断基準に家づくりをしよう――そう決意したのは、20年以上前のとある出来事がきっかけでした。

家を建てる際の〝はじめの一歩〟は、基礎工事です。家を支える土台となる部分をつくる基礎工事を、私たちは「基礎を打つ」と呼びます。基礎が頑丈でないと、そこに建てる家は長持ちしません。そのくらい、基礎を打つのは重要な工程で、約1か月の期間を必要とします。

基礎を打つ前、私たちは必ず地盤調査を行います。地盤調査とは、そこが安全な家を建てられるかどうかを調べるものです。通常は、地盤調査の結果が出るのを待って、安全を確認してから基礎を打ちはじめるのですが、そのときに限って結果が出る前に基礎を打つことをスタートさせてしまっていたのでした。

それがわかったのは、当時私の会社で働いていた設計士が、神妙な顔をして相談に来たからです。「地盤調査の結果、その土地には改良すべき点が見つかった」という報告を、私は彼から受けました。

その時点ですでに基礎を打ちはじめてしまっていたので、すべてをやり直すにはその分の費用がかかります。建築士がそのことを施工主であるお客様にお伝えしたところ、「お金がかかるなら、土地はそのままでもいい。改良はせず、基礎工事を続けてほしい」とおっしゃった、というのです。

おそらく設計士としては、お客様からやり直しを言い渡されなかったので、私にも背中を押してほしくて「改良のための工事は省いてもいいんじゃない？」といった許諾がほしかったのでしょう。

もちろん、こちらのミスなのでその分の費用をお客様に出してもらうことはできません。もしも、イチからやり直すことになったら会社としての損失は小さくないことも想像できました。

「正しいことしかしない」というお客様優先主義の経営理念

私は「やり直しましょう」と彼に伝えました。なぜなら、もしもそのまま問題のあるとわかっている土地に基礎を打ち、家を建てた場合、その後何十年もの間ずっと「あの家はどうなっているのだろう」と家の耐久性に不安を感じたり、「お客様が不具合を感じるようなことになっていたらどうしよう」とお客様の心配をしたりすることからは逃れられないと思ったからです。

どんなに小さなことでも、卑怯なことや後ろ暗いことは絶対にしない。迷ったときの判断基準は、「儲かるかどうか?」ではなく「正しいかどうか?」。そうやって、胸を張って堂々と、自信を持っておすすめできる家づくりをしていこう――そのときに、私は自分のビジネスへの姿勢を、あらためて覚悟しました。

損をするかもしれないけれど、正しく生きていこう――ところが、そんなふうに覚悟を決めてからは、驚くほどビジネスが好転しはじめました。思いがけない物件にめぐりあえたり、頼りになる銀行の人との出会いがあったりと、幸運の連続でした。

何よりも、「正しいかどうか?」を基準にするというシンプルなルールをもうけたことで、私自身の決断がスピーディーになりました。これは経営者にとって大きな戦力といえるのではないでしょうか。

私はもともと京セラの創業者である稲盛和夫氏に師事して勉強をしていたのですが、この頃から稲盛氏が考案した管理会計手法として有名な「アメーバ経営」も自社の方針として取り入れるようにしました。アメーバ経営にならって部門別採算管理を強化し、ガラス張りの経営をしはじめたところ、それが経営の力になっていったのです。

何も後ろめたいことのない透明性の高い経営のもとでは、社内の仕組みも公明正大。「ちゃんと仕事をすれば、その分しっかり給料に反映される」という仕組みができたことで、やる気のある社員だけが集まり、そのやる気と仕事への実直な姿勢がお客様にも伝わるようになっていきました。

私たちが、お客様の将来の幸せな暮らしを最優先で考えた家づくりのお手伝いをしているのは、根本に「正しいことしかしない」という考え方が浸透しているからなのです。

4　失敗しない家づくりに必要不可欠なのは「真実を知ること」

失敗しない家づくりに必要なこと

「失敗しない家づくりに必要なことはなんですか？」という質問に対する私の答えは1つ、「真実を知ること」です。土地のこと、住宅の機能やデザインのこと、コストのことなどを全面的にハウスメーカーに頼りきるのではなく、自分たちでも「何が正しくて、何が必要なのか」を知っておくことが大切です。

「休日は庭でＢＢＱをするのが幸せ」「広いリビングで一家団欒するのが幸せ」「趣味の部屋を持ってそこで過ごすのが幸せ」というように、「幸せ」の定義は人それぞれ違っていても、「自分たちの建てた家で幸せに暮らしたい」というゴールは同じはずです。

その「自分たちの建てた家で幸せに暮らしたい」というゴールに向かって、「どんな選択肢があるのか」「何を優先すべきか」を考えていくことが求められるわけですが、それにはまず真実を知ることが欠かせません。

営業マンを「利用」して、家づくりの真実を知る方法

真実を知るためには、ハウスメーカーの営業マンを、いい意味で「利用する」のもおすすめの方法の１つです。

たとえば、疑問に思ったらどんなことでも迷わず聞いてみましょう。営業マンのペースで話が進んでいくと、途中で疑問を感じても遠慮して聞きにくいという場面が生じるものです。ですが、お金を払って家を建て、その家に住むのはお客さまなのですから、少しでも疑問に思ったことはどんどん質問してください。やる気のある営業マンなら、「ちょっとわかりません」「知

りません」で済ませるのではなく、自分なりに答えを出そうと努力するでしょう。

自分が知っていることやインターネットで調べたことでも、あえて営業マンに質問してみるという方法もあります。一般的な場合のアンサーはあるかもしれませんが、個々のケースによって最適解が異なる場合もあるからです。自分自身の知っている情報の答え合わせの意味でも、営業マンにたしかめるつもりで聞いてみるのもいいでしょう。

そんなふうに、数ある情報のなかから真実を知ることは、失敗しない家づくりに際し、大きな武器となります。

「失敗しない家づくり」から「得する家づくり」を目指す

失敗しない家づくりの秘訣は、知識で武装することです。ですが、本書を読んでくださっている人には、もう一段階上の真実を知っていただきたいと願っています。具体的にいえば、「失敗しない家づくり」より、さらに上を行く「得する家づくり」の情報をインプットしてほしいのです。住めば住むほど得する家づくりについての真実を知っていただきたいと思っています。

それが、本書のメインテーマである太陽光発電のことなのです。

結論から先に述べると、これからの家づくりには、太陽光発電は必要不可欠です。太陽光パネルと蓄電池を活用しない家づくりは損をする、と断言できます。

なぜなら、今や太陽光発電がどれだけ得をするのかは計算できることですし、それによってお客さまが損をするリスクは極めて低いこともわかっているからです。

では、太陽光発電を活用する家づくりがもたらすメリットがどれほど大きいものなのか。それをこれから詳しくお話ししていきましょう。

能登半島の地震や大雨の被害を目の当たりにすると、災害の脅威を実感せざるを得ません。私たちは普段、災害が起きるとニュースで状況を知り、そのときだけは危機感を抱くものの、日常に戻るとその危機感も薄れてしまいます。しかし、家族を守り豊かな生活を維持するためには、災害を他人事とせず、備えることが重要です。

その中でも特に、太陽光発電と蓄電池の設置は大切な選択です。これらの設備があれば、停電時でも家庭に電力を供給でき、必要な電気を賄うことが可能です。災害が長引く状況でも、蓄電池があれば夜間でも電力を使うことができます。

さらに、太陽光発電は災害時の備えだけでなく、普段の電気代削減にも大いに貢献します。電気の自給自足は経済的なメリットをもたらし、エネルギーに依存しない暮らしを実現することができます。

家族の安全と生活の安定を守るために、太陽光発電と蓄電池の導入を検討することは、今後の生活を豊かにするための重要な1歩です。

第1章

「デザイン重視」から「ランニングコスト重視」の時代へ

1　これからは「自給自足の家」が必須

電気代が上がって驚いている

「一昨年あたりから光熱費の支払いがかさむようになって家計を逼迫している」
「エアコンの使用量はそれほど変化していないのに、電気代が上がって驚いている」

電気料金について、そのような声を聞く機会が増えた昨今。燃料価格の高騰やウクライナ情勢などさまざまな要因を受けて値上がりしていた電気料金ですが、２０２３年初頭あたりをピークに少し値下がり傾向にあったのではないでしょうか。

とはいえ、２０２４年にはまた値上げするという発表もあるなど、電気料金をはじめとする光熱費は低値で安定することがなく、「この先どうなっていくのか？」という不安が尽きないでしょう。

電力の不安定な状態を考えた場合、電力会社に頼るだけでは十分とは言えません。家を建設する機会に自給自足の家を持つことを選択に入れることが大切です。この先どうなっていくのかと不安になるのでなく、これからこの先どのようにしていくかを考えることが大切であり、自給自足の家を実現していきましょう。

〔低圧（従量電灯）の電気料金（平均単価）の推移〕

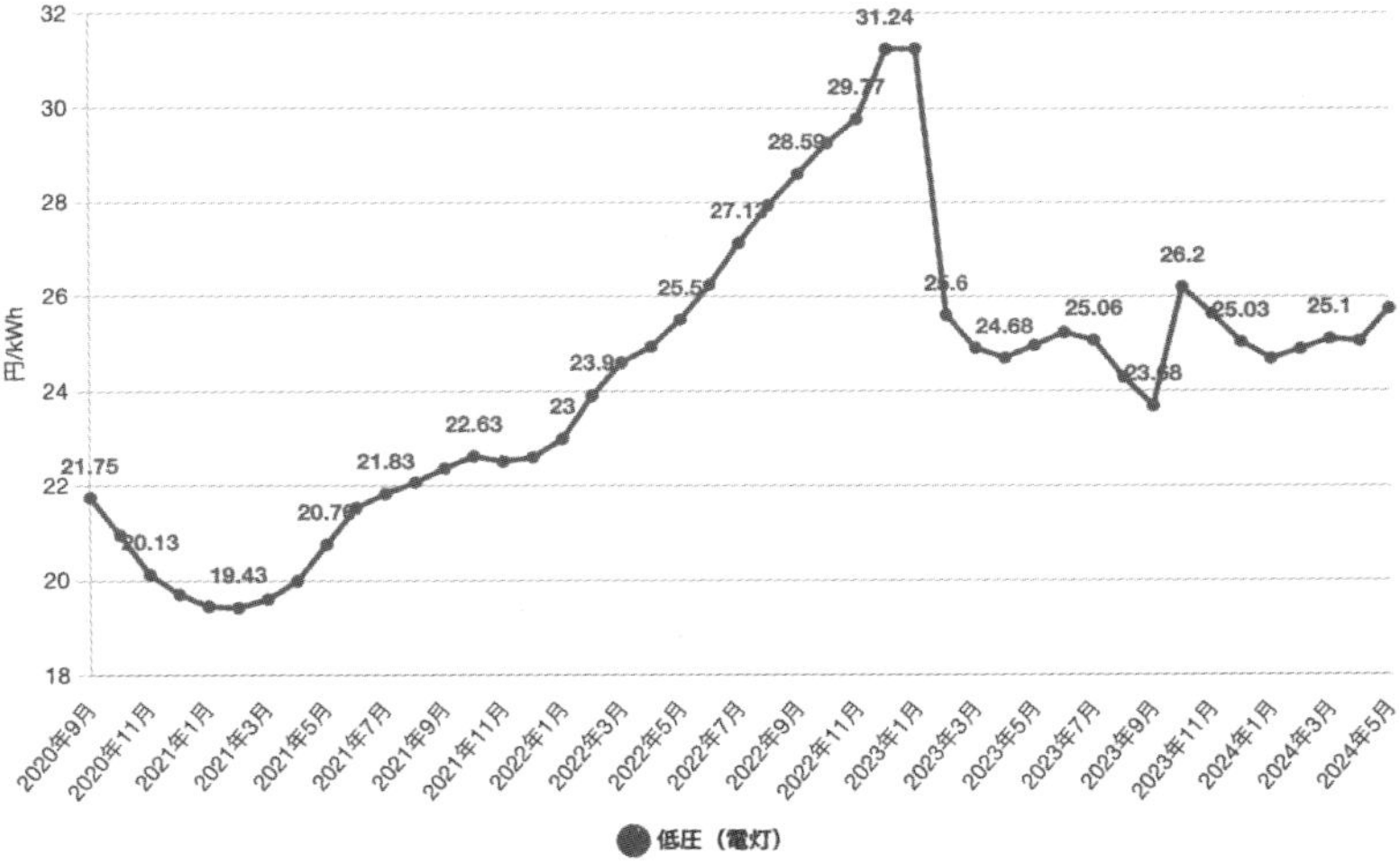

出典：一般社団法人エネルギー情報センター「新電力ネット」

エネルギーを自給自足でまかなって光熱費を節約

光熱費が高騰したり不安定だったりする今だからこそ、これからの家づくりは「エネルギーを自給自足できること」が必須の条件になります。自分たちが使うエネルギーを自分たちでつくり出し、まかなうことができれば、光熱費を抑えることは可能です。

それだけではありません。もしも、自分たちがつくり出すエネルギーが、使う量を上回るようであれば、余剰分を売って家計をサポートすることもできるのです。

エネルギーを自給自足できる家づくりは、夢ではありません。いわゆる〝お金持ち〟ではなくても手の届く現実ですし、むしろ今はご自身がまだ〝お金持ち〟とはいえない状況であればなおさら実現に向けて検討していただきたいと願っています。

というのも、多くの人は、住宅の購入を考えるとき、家のデザインや家の本体価格の安さに目を奪われがちです。そのため、実際に住みはじめてからのコストまでは考えないケースがほとんどでしょう。

ところが、いざ暮らしてみると電気代やガス代、ガソリン代といった毎月のように継続して支払うランニングコストが思いのほかかかることに気づくもの。家を買うことだけをゴールに設定してしまうと、その後にずっと続く、生活を維持するためのお金の捻出に苦しくなってしまうこともあるのです。

優先すべきは「デザイン」より「機能性」と「ランニングコスト」

家づくりを考えるとき、「何を重視するか」で迷うのは当然のことです。よく聞くのは、デザインを重視した家づくりでしょうか。

たとえば、いくつものモデルハウスが建ち並ぶ住宅の総合展示場に行ったとき、パッと見て「すごく素敵な家だな」と思うのは、おそらくデザインの印象でしょう。「個性的なデザインがカッコいい」「吹き抜けや大きな窓があると気持ちが上がる」「小さい部屋をいくつもつくるより、大きな部屋がドーンと1つだけあるほうがモダンなイメージだ」というように、目をひくデザインに惹かれて「こんな家に住みたいな」と感じるのではないでしょうか。

「妻がキッチンのデザインにはこだわりたいと言っている」「書斎のデザインは自分の思い通りにしたい」といった、念願のマイホームだからこそ自分たちの思い通りのデザインの家に住みたいというパターンもあります。

もちろん、それらがよくないこととはまったく思いません。「こんな家に住みたいな」「こんな家で暮らせたら幸せだろうな」と思い、理想の家に住めることは人生の大きなよろこびでもあるからです。

ただ、これからの時代の家づくりの際の選択肢に入れる必要があるのは「機能性」と「ランニングコスト」であることは間違いないでしょう。機能性の高さとランニングコストを抑えることは、暮らしやすさに直結します。

「地震に強い」「停電しても安心」といった機能性の高い家や、「電気代がかからない」「ガソリン代が抑えられる」といったランニングコストを節約できる家は、デザインのよさより重要になる場合も多いのが現実です。

2 必要なのは「電気は買わない」という意識を持つこと

電気の自給自足が可能

「毎月のランニングコストを大幅に節約できる、自給自足の家に住みたい」と考えたとき、まずすべきは太陽光発電ができる家づくりです。

たとえば私の会社が手がけている家も、実際に住んでからかかる光熱費を大きく節約することを目的としています。

具体的には、世界NO1の変換効率を誇る（2021年4月時点）マキシオンパネルという太陽光パネルを使っています。後で詳しく説明しますが、一見どれも同じように見える屋根に乗せる太陽光パネルにも、じつはピンからキリまであります。大きく異なるのは、その発電量。当然のことながら、高い発電量の太陽光パネルを乗せることが、光熱費の節約につながります。

太陽光パネルで発電した電気は、家庭用蓄電池によって蓄電します。日中は発電した電気を使いながら充電し、夜間は昼間に貯めておいた電気を使います。こうすることで自給自足が可能になります。

ＥＶ車に乗り換えてガソリン代をゼロにする

車を持っているご家庭なら、ＥＶ車に乗り換えることでガソリン代も自給自足できるようになります。毎月かかっているガソリン代がゼロになれば、その分のお金をほかに回せるようになるでしょう。

太陽光発電ができる家づくりをすると、自分の家で発電して余った電気を売電することもできます。そうなれば光熱費を節約するだけでなく、電気を売った分のお金がプラスになります。

これまでの「電気を買って使う」時代は終わりを迎え、これからは「電気は自分でつくって使う・売る」という時代になることは目に見えています。光熱費が高騰していく時代に合わせ、「どうしたら電気を買わずに、自分たちでまかなうことができるか」が課題となっていくでしょう。

本書で得た知識を活かし、実践することで、誰もが望む豊かな暮らしを手に入れることができます。未来への不安を安心に変え、本書と共に確かな1歩を踏み出しましょう。

3 「リアルに豊かな暮らし」を実現する、たった1つの方法とは

豊かな暮らしのイメージ

ところで、「豊かな暮らし」と聞いて、思い描くのはどのようなイメージでしょうか。きらびやかなインテリアに囲まれた大きな家を持ち、ハイブランドの服を着て高級車を乗り回し、毎日ごちそうを食べる自分と家族……という人は、バブル時代と違って今どきは少数派かもしれません。

価値観が多様化した今は、人によって「豊かな暮らし」の定義はさまざまです。平日は自分らしさが発揮できる仕事に邁進しながら、休日は趣味を存分に楽しむことを豊かな暮らしと感じる人もいるでしょうし、職場の近くに住むことで家族との時間を大切にすることが豊かな暮らしだと考える人もいるでしょう。それぞれが「幸せだな」と感じるようなこと。それが、豊かな暮らしに共通していえることではないでしょうか。

リアルな豊かな暮らしを実現するためには、正しい情報を吸収し、それを実践することが大切です。確かな1歩を踏み出し、理想の生活を手に入れましょう。

新居を建てたことで夫婦間がギクシャクしはじめたケース

私の知り合いから聞いた、こんな話があります。

その夫婦は新居を建てたいと思い、大手ハウスメーカーに依頼することにしました。キッチンのデザインやリビングとの動線には奥さまの強いこだわりがあり、相当無理をして予算以上の費用をキッチンに捻出することになったといいます。

ところが、いざ住みはじめてみると、毎月の水道光熱費をはじめとした家を維持するためのランニングコストが思った以上にかかる設計になっていることがわかったのです。

旦那さんは「あのとき、おまえがキッチンのデザインにこだわらなければ、ここまでカツカツな生活を強いられることもなかったのに」と奥さまを責めることが増えた、とのこと。

奥さまのほうも「だったら、なぜ相談した段階でハウスメーカーの営業マンは、こんなにランニングコストがかかるということを教えてくれなかったのかしら。あなたがもっとちゃんと営業マンから情報収集をしてくれていればよかったのでは？」と旦那さんに反論。せっかく念願の新居に暮らしはじめたというのに、肝心の新居がきっかけとなって夫婦関係は以前とは比べものにならないほど悪化してしまったのでした。

「こんなことになるなら、もっと慎重になるべきだった」と、今はまだ支払い終わっていない住宅ローンを前に、夫婦はため息をついているそうです。

毎月1万5000円の収入が見込める家づくりを実現する

この夫婦の話を聞いて思うのは、理想の家づくりを満たすためにギリギリのお金を捻出して豊かな暮らしをかなえようとしても、結果的に「幸せだな」と思えなければ豊かな暮らしとはいえないのではないか、ということです。

お金の有無だけが豊かな暮らしを実現できるとは思いません。ですが、お金に余裕があることで豊かな暮らしを支えることはできるのです。

たとえば、毎月のランニングコストを節約できたことで、豊かな暮らしを手に入れた夫婦のケースもあります。

その夫婦は20代の若さでマイホームを持つことを決めました。家づくりに関して最優先すべきことは何かを夫婦2人で話し合い、「自給自足できる家にしたいから、太陽光発電は必須」という結論を出しました。

その結果、どうなったかというと、現在は自分の家で毎月かかる光熱費はたったの2000円。つくった電気を売電という形で売ることができるのですが、それが毎月1万7000円になるそうです。つまり、1万7000円−2000円＝1万5000円が収入として家計にプラスされる仕組みができているわけです。

このように、正しい知識を学び実践したことで実現した豊かな実例でしょう。

〔愛知県半田市 A 様邸宅〕

太陽光発電にして年間54万円もの光熱費の差が生じたケース

じつは、彼らが住んでいた前の住まいでは毎月3万円の光熱費がかかっていたそうです。

現在の新居と毎月3万円の光熱費がかかっている家を比較すると、1か月だけでも4万5000円、年間で54万円もの差が家計に生じることになります。

それだけのお金を働いて稼ごうと思っても、お給料のアップがなかなか見込めない今の時代では大変なことではないでしょうか。

たとえ住宅ローンを組んで家を買ったとしても、毎月の光熱費で1万5000円分の収入があれば、その分、夫婦でおいしいものを食べたり家族のために使ったりする経済的な余裕が生まれるのです。

じつはこの夫婦は、私の会社の社員の実例です。大手ハウスメーカーではなく、自社の家づくりで自給自足の生活がかなうことをよく理解していたので、太陽光発電をはじめとした〝節約できる家〟に住むことができました。

毎月、浮いたお金で、夫婦でごちそうを食べたり、子どものための貯金にまわしたりするたびに、豊かな暮らしを実感するといいます。

収入のある家づくりをすると、豊かな暮らしができるという好例ではないでしょうか。

このことは、あなたにも必ずできることだと言っておきましょう。

４　家は「買って終わり」じゃありません

はじめから後悔しない家づくりを進める

家は購入を決めたときや完成して引き渡しをしたときがゴールだと思いがちですが、経済的な問題はむしろそこからはじまります。住宅ローンの返済だけでなく、住んでから家を維持するためのランニングコストや修繕費がかかります。

家づくりを後悔している人たちからよく聞くのが「思っていたより予算オーバーしたため、月々の支払いが苦しくなった」「ローンを支払いきれなくなったときの不安を抱えている」というものです。

これは、家づくりの進め方にも問題が潜んでいます。「なんとなくそういうものだと思ったから」と家づくりを進めるのではなく、はじめから後悔しないような家づくりの進め方をする必要があるのです。住宅ローンの返済は、返済期間、金利、返済方法などを考慮する。ランニングコストは、電気代、ガス代を考える。修繕費は、建物の仕様やつくり方を考慮するなどです。

具体的には、次のような流れやポイントがあることを知っておきましょう。住宅ローンの返済は、返済期間、金利、返済方法などを考慮する。

豪華すぎて手の届かないモデルハウスに惑わされない

マイホームを買おうと思ったとき、まず多くの人はネットで調べて近隣の住宅展示場に足を運ぶのではないでしょうか。住宅展示場に並ぶモデルハウスはどれも豪華でデザインやインテリアにもこだわりを感じるものです。「こんな家に住みたいな」とワクワクしますが、実際は豪華すぎたり大きすぎたりして手が届かないことが多く、あまり参考にならないパターンもあるのではないでしょうか。

とはいえ、そのなかでも気に入ったハウスメーカーの営業マンに話を聞くことになると、住宅の価格は明確ではないまま「こんな家に住みたい」という要望をヒアリングされ、購入することが前提で打ち合わせが進んでいくことになります。

このとき、営業マンは住宅ローンの話をしないことも少なくありません。なぜなら、住宅ローンの不安についての話を持ち出すと、「やっぱり無理かもしれない」とお客様が逃げてしまうかもしれないからです。その場合、間取りや外観など、話していて楽しくなるようなことを中心に打ち合わせを進めていくことになるでしょう。

打ち合わせを進める前にお金の不安をなくす

本来であればここで、住宅ローンの返済が滞ったときの対策を営業マンと一緒に考え、不安をなくしていく必要があります。そのためにも、予算内で買えそうな建物のサイズや設備、土地や補助金についてなどの知識をしっかり身につけておくことが求められるのです。

一方、住宅ローンの不安を抱えたまま打ち合わせを段階的に進めていくと、いざお金の話になったときに「安くしてほしい」とは言いにくい状況ができあがってしまうものです。

さらに、出てきた見積書がアバウトだと契約をした後に、部材価格が明確でないために予算オーバーしたり、追加工事分の費用がかかったりして「こんなはずではなかったのに……」と後悔することにもなりかねないのです。

後悔しない家づくりをするなら、契約をする前にお金の不安は解消しておくことが大切です。住宅ローンの返済で破綻しないよう、安心安全な支払計画を立てることも必須。デザインへのこだわりや機能性の高さも予算に関わってくる部分なので、あらかじめ優先事項を整理して営業マンに伝えるようにしましょう。

家族の幸せを守るためには、支払うだけでなく、ランニングコストを抑え、収入を増やす家づくりの知恵を身につけることが重要です。1人で悩まず、経験豊富な営業マンのアドバイスを受けることで、安心して長く暮らせる家を目指しましょう。エネルギー効率やコスト削減の工夫を取り入れ、経済的な余裕を生み出すことが、家族の未来を豊かにする1歩です。専門家の知恵と協力を活かし、理想のマイホームを実現しましょう。

5　大手ハウスメーカーが太陽光パネルと蓄電池をおすすめしない理由

1件でも多く契約がほしい大手営業マンは否定的姿勢を見せることも

「太陽光発電をしている家がそんなにお得なら、どうして大手ハウスメーカーがもっと積極的にすすめてこないのですか？」

「『太陽光パネルと蓄電池を設置したい』と伝えたところ、大手ハウスメーカーの営業マンに渋い顔をされました」

そんな声を聞いたことがあります。太陽光発電について、大手ハウスメーカーがそれほど乗り気ではない印象を受けるのには理由があります。

イントロダクションで触れたように、大手ハウスメーカーはテレビＣＭや広告、人件費などが加わる分、住宅そのもののベースとなる価格が高めに設定されていることが少なくありません。

極端な例でいえば、私の会社だったら２０００万円でつくることができる家が、大手ハウスメーカーなら３０００万円に跳ね上がることもある、というレベルです。

家の価格が高くなると、住宅ローンを組むことへのハードルも上がります。そこで問題になるのは「どうやって費用を抑えるか」ということです。太陽光発電に必要な太陽光パネルや蓄電池などは、初期費用として３００〜４００万円が必要になります。

すると、「３０００万円の家を買うのもギリギリでローンを組むことになるのに、さらに３００万円足して、よくわからない太陽光発電をつけるのはリスクになるのでは？」ととらえるお客さまも出てくるわけです。

前述しましたが、大手ハウスメーカーの営業マンはとにかく1件でも多く契約がほしいので、「太陽光発電にかかる費用を上乗せすることで契約自体を断られるくらいなら、はじめから太陽光発電を除いた住宅のほうが買ってもらいやすいはず」と考える傾向があります。その結果、「太陽光発電はどうなんでしょうね」「太陽光発電は後から必要になったらつけてもいいですしね」などと、設置することに否定的な姿勢を見せることもあるのです。

「今の３００万円」の初期投資が「将来の何千万円」のロスを防ぐ

新居を構えた人たちを対象にしたとあるアンケート調査の結果、「予算オーバーになったのでできなかったことは何か？」というリサーチをしたところ、太陽光発電がランキング1位になっていたのを見たことがあります。そのくらい、家づくりのオプションとしてカットされやすいことが太陽光発電ということになるのでしょう。

ですが、次の章でも詳しく説明するとおり、太陽光発電は家に毎月重くのしかかってくるランニングコストを節約できる重要な設備であることは間違いありません。３００～４００万円の初期投資を惜しんで太陽光発電を設置しなかったことで、何千万円もの大金を光熱費として支払い続けていかなければならないのです。

太陽光発電を設置するかしないかで将来の支払いは大きく変わります。営業マンのトークに惑わされることなく、自分自身の知識を深めることによって最善の判断をしていただきたいと思います。

6　家づくりで成功した人たちの「たった１つの共通点」

必要な情報は自分で収集するのが家づくり成功の秘訣

家に関しては、大手ハウスメーカーのブランドで購入を決めるより、機能性が高くて質のいいものを買うべきだと私は断言します。

では、どうやって機能性が高くて質のいい家を探せばいいのでしょうか。私がこれまで見てきた、満足できる家づくりで幸せを手にした人たち、すなわち「家づくりで成功した人たち」

には共通点があります。それは、自分たちで感度の高い情報を集めている、ということです。

太陽光発電が、どれだけメリットがあるものなのかはインターネットで調べることはもちろん、本書を読んでいただいても、たちどころに判明します。具体的な数字で「毎月いくらくらい節約できる」ということまでわかります。ハウスメーカーの営業マンに質問するだけでなく、自分が必要な情報は自分で収集するということが、家づくりで成功する秘訣といってもいいでしょう。

初期費用をかけずに太陽光発電を設置できるシステムも登場

たとえば、太陽光発電でも今は初期費用０円で設置できて、リース代をその後の太陽光発電による収入で返済していくような「ゼロセッチ」というシステムもあります。太陽光発電の設置に必要な設備を10年間、あるいは15年間、リースして活用します。これは、住宅ローンとは別ものとして扱うことができるので、家づくりのための予算に負担をかけずに太陽光発電を活用することが可能です。リース期間が終わった後は、自分たちのものになるというメリットもあって、人気が高まっています。

こうした情報も、予算を抑えながら自給自足の家づくりを考えるときには追い風になるはずです。家づくりで後悔しないためにも、必要な情報は積極的に集めることをおすすめします。

7　後悔しない家づくりの準備その①：総合展示場だけで判断しない

後悔しない家づくり7つの準備

「こんなはずじゃなかった」「もっとこうしたかった」という思いは誰でもしたくないものです。とくに住まいはこれから先、何十年も暮らしていく拠点となる場所ですし、何度も買い替えるものでもありません。だからこそ、後悔しない家づくりが求められます。

後悔しない家づくりのためには、準備が必要不可欠です。

そこで、私が「最低でも、こういう準備はしておいたら後悔しない家づくりができますよ」と考えている7つの項目をこれから説明していきます。

7000万円クラスの住宅の毎月の支払額は20万円超

後悔しない家づくりの準備の1つめは「総合展示場だけで判断しない」ということです。

「マイホームがほしいけれど、どのハウスメーカーを選べばいいかわからない」という人は少なくありません。だからこそ、多くの人がまず訪れるのが総合展示場でしょう。総合展示場には、さまざまなハウスメーカーのモデルハウスが立ち並んでいます。

ただ、多くの場合、総合展示場の建物は家だけで7000〜8000万円クラスの豪華なものばかりです。7000〜8000万円の住宅の場合、おおまかに考えて毎月の支払う額は20万円を超える計算になることが予測できます。

そのうえ、光熱費をはじめとするランニングコストがかかってくるとなると、はたしてどれだけの人が購入できるのか疑問です。豪華すぎるモデルハウスは眺める分には楽しいものの、現実的ではないお買い物といえるのではないでしょうか。

軽自動車を買おうとして、数千万円もする高級車を扱うディーラーに行くことがないように、家も自分たちの予算に応じたものを見たほうがはるかに現実的です。

総合展示場の賢い活用法

総合展示場に訪れたとき、「こんな家に住みたいな」と漠然としたイメージで話を進めていくとオーバーローンという事態になりがちです。

そこで、後悔しない家づくりのためには、対応してくれる営業マンに次のようなことを具体的に聞いてみるのもいいでしょう。

Q(1)「太陽光発電にすると、毎月いくらくらい節約できますか?」

A　実際に住んだときに「この家にしてよかった」と思える大きな要素の1つが、〝自給自足できる家〟であることでしょう。自分たちが使用するエネルギーを自分たちでつくることができれば、ランニングコストを抑えることも可能です。

そのためにも、たとえば「電気代が上がっていますが、太陽光発電にしたら毎月どのくらいの支払額になりますか？」と質問するのも手です。

エネルギー計算ができない営業マンなら要注意。お客さまファーストで考えるなら、エネルギー計算はできて当たり前だからです。相手を信頼できるかどうかのバロメーターにもなります。

Q⑵「毎月の住宅ローンの支払いはいくらになりますか？」

A　前の質問と似ていますが、お金のことは大事なことなので念のため質問するのもいいでしょう。

「太陽光パネルと蓄電池をつけて家を建てた場合、毎月の住宅ローンの支払いはいくらいになりますか？」と聞くと、現実的な金額が出てくるはずです。そこで、自分たちがどのくらいの家なら建てられるかもわかるでしょう。

Q ⑶「このモデルハウスの装備は全部ついているのですか？」

A　標準装備がどこまでついている家なのかを知るのは大事なことです。それによって、費用が大きく変わってくるからです。

のちほど詳しく説明しますが、お客さまにとって魅力的に見えるよう、特別な装備をしているモデルハウスもあるので、予算オーバーを防ぐためにも確認しましょう。

いずれにしても、総合展示場ではイメージで判断しないことが、後悔しない家づくりには大切です。

8　後悔しない家づくりの準備その②：資金計画などお金の話を最優先する

後回しにしがちなのがお金のこと

多くの人が意外と後回しにしがちなのがお金の話です。たとえば、総合展示場でモデルハウスを見学した後、好みの住宅のハウスメーカーの営業マンが担当になってヒアリングをする際、「ご希望をおっしゃってください」と言われることがあります。

そんなふうにうながされた場合、ほとんどの人は「小さい家でもできるだけリビングは広くしたい」「子どもの様子を見ることができるカウンターキッチンがいい」「外観が南欧風で、壁紙は自分で選びたい」というように、設計やデザインの希望を話すことになり、会話が盛り上がるでしょう。

もちろん、念願の家づくりに夢を抱いてワクワクするのは人生において大切なことです。ですが、しっかりとお金の話を確認することも忘れてはいけません。最初の段階で遠慮をしてしまい、予算や住宅ローンといった細かいお金の話をなかなか切り出せないケースがあります。

家づくりで妥協しないためにも「お金の話」はあいまいにしない

ただ、ここでお金の話を確認しておかないと、「わかりました。ではご希望を踏まえてお見積りをお出ししますね」というように、お金に関してあいまいなまま作成された見積書に基づいて次の打ち合わせがはじまってしまいます。

見積書に記載された、本体工事一式○○○○万円、設備工事○○○○万円、追加オプション費用○○○○万円というように見積書に書かれている専門的なことがよく理解できないまま、「総額8000万円です」などと、当初の予算から大幅に膨れ上がった金額を提示されてはじめて驚く場合もあります。

その後に予算を伝えても、「では、図面を修正して見積書を出し直しますね」という流れで何度も打ち合わせを重ね、はじめに希望したことがどんどん削られて妥協していくなか、熱心な営業マンにおされる形で契約をしてしまう……という話も珍しくありません。

住宅ローンの返済で破綻する不安も回避できる

だからこそ、はじめにお金の話をしておくことが重要です。「そもそも予算はこのくらいです」ということろをしっかり伝え、「節約売電利益はどのくらいになるのか？」「補助金や減税はいくらくらいになるのか？」といった家の収入をシミュレーションします。

それにより、土地や建物の検討ができるようになり、住宅ローンで破綻しないような計算もしながら「これなら無理なく家を建てられそう」というところに落ち着いていきます。

予算オーバーを避け、住宅ローンの返済に無理がない納得の家づくりをするためには、まず「お金の話をする」という鉄則を守りましょう。要望を正確に伝え、節約や売電で得られる利益、そして補助金や減税の額を事前にシミュレーションすることが重要です。これにより、将来の経済的な負担を軽減し、長期的なメリットを享受できる家づくりが可能になります。家族が安心して豊かに暮らせる環境を実現するため、計画は慎重かつ現実的に進めることが求められます。しっかりと準備をして、理想の住まいを築きましょう。

9　後悔しない家づくりの準備その③：建物だけでなく土地も確認する

自分の希望条件をしっかり確認

はじめての家づくりの場合、「土地探し」も初心者であることがほとんどでしょう。「どんな家に住みたいか？」という建物のことだけでなく、「どういう場所に住みたいか？」という土地のことも考えてはじめて満足できる家づくりができるようになります。

土地に対して自分の希望の条件をしっかり確認するとともに、建築規制は地域によって異なるケースもあるので注意しましょう。

「土地探し」をする際におさえておきたいポイント

土地探しをする場合のポイントとしてよくいわれているのは次のことです。

まずは、その土地の価格が適正かどうかです。オンラインで全国地価マップや相続税路線価などを確認し、販売価格と大きく差がないかどうかをチェックしましょう。ハザードマップを見て、津波や崖崩れなどの心配がないかどうかも見ておくと安心です。

その土地に問題がないかどうかは、私たちのようなプロに相談するのが近道です。電気や水道などのインフラのことや地盤、接道要件や境界のことなど個人では調査しきれない部分は想像以上にたくさんあるのでプロの力を借りましょう。

地元に強いプロに相談し、コストを抑える

コストを抑える目的でも、土地探しの段階で家づくりのプロに頼るのはおすすめです。たとえば、私の会社では流通前の土地をお得な価格で取り扱っています。地元で家づくりの豊富な実績があるということは、関係者からの信頼も厚いということ。地元の有力な不動産ネットワークが構築されているので、流通前の〝家づくりに最適な土地〟をご紹介できることも多いのです。

「どういう場所に住みたいか？」は、人によって異なります。

たとえば、駅からかなり離れている土地で人気がないからといって、それが悪い土地とは限りません。電車を利用しない家族にとっては、駅から近いかどうかは問題にはならないからです。

それよりは、「駅からは遠いけれど、その分、低価格で買える土地」であるほうが、その家族にとってはよほどいい土地であることは間違いないでしょう。

そうしたことからも、土地探しをプロに相談することで解決できる問題はいろいろあるのです。

10 後悔しない家づくりの準備その④：光熱費・メンテナンス費を確認する

住んでからもお金がかかる事態の軽減

家は、住んでからもお金がかかるもの――そんな常識を覆す家づくりを、本書を読んで実現していただきたいと思います。

そもそもなぜ、これまでの一般的な住宅に「住んでからもお金がかかる」というイメージがあるのでしょうか。

おもな理由としては、次の2つが考えられます。

1つめは、「標準装備が少ない」という点です。

購入した家に標準装備が少ないということは、お客さまの希望をかなえるためにはオプションとして後から機能をつけたしていくということです。ＩＨ調理器のついたシステムキッチンにしたい」「足が伸ばせる広いバスタブにしたい」「電動シャッターのついたガレージをつくりたい」「玄関を電子キーにしたい」というような要望をかなえていくと、気がつけば予想以上の金額にふくらんでいることにもなりかねません。

その点、太陽光発電や食器洗い乾燥機、24時間対応の換気システムなどが標準装備として備わっていれば、その分の追加の費用はかかりません。後から必要な機能をプラスしていくより、あらかじめ装備されている家に住む、という発想です。

２つめは「家自体の収入がない」という点です。

「家が稼ぐ」ことが信じられないかもしれません。ですが、太陽光発電をつければ、自分たちの使う電気などのエネルギーをまかなえるだけでなく、収入としてプラスになることも見込めるため「家が稼ぐ」状態になります。すると、「住んでからもお金がかかる」という事態を軽減できるようになるのです。

定期的なメンテナンスにかかる費用はバカにならない

「メンテナンスの回数が多い」という点も、住んでからもお金がかかる大きな理由でしょう。たとえば、一般的な外壁だと年数を経るごとにコーキングと呼ばれる材質部分が劣化し、約15年ごとにメンテナンスが必要になります。

メンテナンスが必要な場所よっては、足場をつくって作業をすることにもなり、１００万円以上の費用がかかるケースもあります。

屋根の塗装のメンテナンスも、一般的な住宅に多い問題です。太陽光パネルを乗せた屋根とは違い、一般的な屋根は約15年ごとに再塗装を要します。それには、約50～１００万円の費用が相場だといわれています。

ちなみに、私の会社で扱う太陽光パネルに対応している屋根は、耐候性があるので長期間、メンテナンスが不要です。

このように、装備や材料によっては、建築費用が安くても、その後にかかるお金が高くなってしまうこともあるので、家づくりの際にはメンテナンスのことまで視野に入れることも重要です。

11　後悔しない家づくりの準備その⑤：複数パターンの住宅ローンを比較検討する

住宅ローンの選択肢を確認する

家づくりは誰にとっても人生の重要なライフイベントです。しかも、これまで生きてきたなかでもっとも大きなお買い物となるはず。もちろん、現金でポンと家を買える人はほとんどいないので、多くの人は住宅ローンを組むことになるでしょう。

住宅ローンとは、家の購入代金を金融機関から借りる、いわゆる「借金」のことをいいます。

ところで、今ご説明したように「住宅ローンとは何か？」を知っていることは当たり前でも、「住宅ローンにどのくらい選択肢があるのか？」を正確に把握している人は少ないのではないでしょうか。

数ある住宅ローンのなかから自分たちに合った返済方法を選択をする

一般的に、住宅ローンを扱う金融機関は１０００以上あるとされています。大きく分けると、銀行や信用金庫、インターネットバンクなどの「民間融資」、住宅金融支援機構による「フラット35」、勤務先の財形貯蓄を1年以上続けるといった条件を満たしている人が対象になる、住宅金融支援機構による財形住宅融資などの「公的融資」といったところでしょうか。

大切なのは、数ある住宅ローンのうち、自分たちにとってどの方法が合っているかを知ることです。そのためには、自分たちで調べることも欠かせませんが、頼りになるハウスメーカーの営業マンに相談することも不可欠です。すべての住宅ローンの種類を提案してもらい、自分たちに最適な返済方法を選びましょう。

その際、住宅ローンの不安を払拭するためにも、「もしも住宅ローンが返済できなくなったらどうするか？」を想定して相談しましょう。大事な家や家族を失うリスクもなくはないことなので、事前に対策は立てておくほうが賢明です。

12 後悔しない家づくりの準備その⑥：納得できるまで契約書にサインはしない

サインをすると後戻りできないことがある

後悔しない家づくりの準備の1つとして「納得できるまで契約書にサインはしないことです」とお伝えすると、「そんなことは当然でしょう」と思うかもしれません。ですが、「なんとなくサインしてしまった」「とりあえずサインだけならいいと思って」といった話を聞くことがあります。サインをしてしまったことで、後戻りしたくてもできない場合も出てきますので、十分に気をつけたいところです。

サイン1つが大きなトラブルを招きかねない

さまざまな保険や携帯電話の契約をするときには、「約款」が手渡されることが多いでしょう。約款にびっしり書かれた小さな文言をすみずみまで読んで、理解するのは難しいもの。時間がかかる作業でもあるので、「あとで時間のあるときにでも読もう」と先送りにした結果、一度も目を通すことはなくどこかに積まれたまま、放置されていることも多いのではないでしょうか。

ただ、家づくりの契約書は約款と違う、ということを忘れてはいけません。もしも契約書にサインをした後で、何かトラブルが起こった場合、お客さまが被る損失が大きなことにもなりかねないのです。

サインをするにあたっては、慎重になり過ぎるくらいの姿勢で臨んだほうがいいでしょう。

難解な言葉の意味や疑問は契約前にスッキリ解消させておく

ハウスメーカーの営業マンのなかには、契約書にお客さまがサインをすることを急がせようとする人もいます。

これは、「早く確実に契約を取って、自分の手柄をあげたい」という考えのほかにもう1つ、事情があるようです。というのも、家づくりに関するお客さまからさまざまなリクエストをかなえる見積書を作成するためには、さまざまな調査や提案が必要になります。その調査や提案のためには、費用や時間、労力がかかるでしょう。

もしも、この段階で契約書にサインがあれば「このお客さまは、本気で家を買うつもりだな」

とお客さまの意思を確認できますが、単なる口約束の場合だと、見積書の作成や今後の打ち合わせが営業マンの徒労に終わってしまうリスクがある、と考えるケースも存在するのも事実です。

ただし、実際にお金を出すのはお客さまですし、数千万円のお金が動く話が決まるのが契約書。納得がいくまで検討するのは当然の権利です。だからこそ、契約書に書いてある理解しにくい言葉の意味や疑問に感じたことは、どんな小さなことでも遠慮せず積極的に質問することが必須です。契約書には、スッキリした気持ちでサインをするのが、後悔しない家づくりの基本です。

13 後悔しない家づくりの準備その⑦：失敗事例を知っておく

「マイホームを建てよう」と考えたとき、とりあえず住宅探しのポータルサイトから資料請求をする人も多いはず。届いた資料には、オシャレな外観や室内の写真がキレイに並んでいて、「こんな家に住みたいな」と眺めているだけでテンションが上がるでしょう。

ただ、いろいろな大手ハウスメーカーの資料を冷静に見直してみると、どれもイメージカタログのようなものが多く、高級感は漂っているものの、実際に自分たちが買うことができる家なのかどうかはわからないのではないでしょうか。

もちろん、いろいろな資料を比べて検討することも大事ですが、もっと直接役に立つのは先に家づくりを経験した人の話を聞くことです。家づくりの先輩たちによる「こういうところがよかった」「こうするのはおすすめ」というポジティブな体験談だけでなく、「これはしないほうがよかった」「これは必要なかった」といった失敗談を含むネガティブな話を聞いておくこともいい学びになります。

安心には予防が肝心

すでに家を建てた人から、後悔した話や失敗した話を聞くのは、自分の家づくりに活かせるので効果的です。

とくに、家を建てるときの不安事項の筆頭ともいえる、住宅ローンなどお金に関することも自分事として知っておくのもおすすめです。

たとえば、家を建てたものの、その後予想以上に収入が激減して家を手放すことになった人のケースなどは参考になる話ではないでしょうか。

ここ数年、コロナ不況になってお金の支払いに対してはとても厳しい状況を迎えている人も少なくありません。月々の支払いがきつくなったとき、銀行などどこにも相談に行かずに支払いが遅れ、雪だるま式に支払いが膨れ上がってしまった挙句、家を手放すことになっては後の祭りです。そんな場合でも、なんとか乗り越えられるような対処法を、先人の体験談を通じて知っておくことで不安は和らぎます。

自分の状況を正確に伝えることは、適切なアドバイスを受け、無理のない返済計画を立てるために欠かせません。特に、住宅ローンの返済を考える際には、今後の収入見込みをしっかりと考慮し、現実的な計画を立てることが重要です。緊急時に何もせず破綻し、競売に至るケースもありますが、すべての人がそうなるわけではありません。適切な準備と行動で困難を回避することができます。

迷いや不安があるときには、金融機関やハウスメーカーに相談し、専門家の意見を積極的に活用しましょう。1人で抱え込まず、周囲のサポートを得ることが重要です。また、最悪のシナリオも視野に入れて備えることで、より安心した家づくりが可能になります。

安心するためには、予防が肝心です。そのためにも、失敗事例をいろいろと知っておくことが欠かせません。

さて、次の章ではいよいよ本書のメインとなる太陽光発電について詳しくお伝えしていきます。

第2章　電気の自給自足をかなえる暮らしをかなえる

1　みんなは毎月どのくらい電気代を払っているの？

電気代を安くしたいと思っている人には耳よりな話

この章では、高騰する電気代をできるだけ抑える家づくりのコツについて詳しくお伝えしていきます。

「最近、どんどん電気代が上がっている気がする」「もっと電気代を安くしたい」と思っている人には耳よりな話になるはずです。

4人家族の電気代の平均額は1か月約1万4000円

ところで、そもそも私たちは毎月どのくらいの電気代を支払っているのでしょうか。

総務省が発表している『家計調査（2023年）都市階級・地方・都道府県庁所在市別』のデータによれば、4人家族がひと月にかかる電気代の平均額は13948円。1年前の2021年は1万1000円台だったので、たった1年で大幅に値上がっていることになります。

さらに、ガス代や水道代などを含む水道光熱費の2022年の平均額にいたっては、毎月26577円もかかっているとのこと。年間だと約32万円にもなり、たとえばここから値上がりしない前提で30歳から１００歳までの70年間ずっと支払い続けるとすると２２００万円以上という莫大な金額になります。

ただし、これはあくまでも２０２２年の時点での平均額で計算した場合の話です。それ以降も電気代は上がっていますし、家庭によってかかる電気代の差は大きいものです。同じ季節でも地域によって寒暖差のある日本では、住んでいる場所によってかかる電気代などは変わります。

一生で支払う光熱費は３０００万円超!?

これは今のご自身の明細をチェックしてもらえば簡単にわかることですが、仮に毎月４万円近い支払いがあるとするなら、生涯にかかるお金は３０００万円を超えてしまうことになります。これは、相当驚く金額ではないでしょうか。

だったら、毎月の電気代を節約しようと考えるかもしれません。たとえば、「家電の電源をこまめにオフにする」「遮光性や断熱性の高いカーテンに替える」「エアコンのフィルターの掃除を頻繁にする」といった節約術は参考になるでしょう。

たしかに、そうした日常生活でできる小さなコツコツを積み上げていくことは、決して悪いことではありません。ですが、３０００万円という莫大な金額に対して、どれほど効果があるかといえば〝焼石に水〟ではないでしょうか。

３０００万円を支払い続ける人生と、０円で暮らす人生。比べるまでもなく後者の人生を選びたいと思いませんか？

2　電気代節約のはじめの1歩は明細を見ることから

電気料金の仕組み

「電気代のかからない家づくりをしたい」と思っても、その前に立ちはだかるのが「そもそも電気代って、なんだろう？」という基本的な疑問の壁ではないでしょうか。複雑な電気の話を理解することは、とても難しいものです。

そもそも電気料金は「基本料金」に、使った電力量によって決まる「電力量料金」と「再生可能エネルギー発電促進賦課金」をプラスして算出されます。電気をつくるために必要な燃料はそのときの市場によって変わるため、「燃料費調整額」という名目で電気料金に反映されています。

……と、これだけ聞いただけでも複雑な仕組みになっていることがご理解いただけるのではないでしょうか。

明細を見ると節約すべきポイントがわかる

今より電気代を安くしたいなら、ベストな方法はたった1つ「電気代のかからない家に住む」ということに尽きます。電気を自給自足できる家づくりをすることが、生涯で３０００万円以上のお金を節約できる唯一の方法といっていいでしょう。

もしも、今すぐ電気代を安くしたいと思ったとき、まずすべきは今の自分たちがどれだけの電気を使っているのかを確認することです。そのために必要になるのが「毎月の明細を見る」ことです。

明細を見ると、支払う電気代だけでなく、自分たちがどんなプランに加入してどんなふうに電気を使っているのかがわかるので、より効率的に電気を使う意識が高まります。これは、家づくりをするときにも役に立つ情報です。

電気は夜より昼に使うほうがお金がかかる

使っている電気代を節約するコツとして、「電気を使う時間帯を見直す」という方法もあります。

というのも、電気は夜に使うより、昼に使ったほうが、同じ量でも値段が高くなるということを知っていますか？　多くの電力会社では、時間帯によって電気料金が変わるプランを設定していて、夜間の電気代は日中より安くなっている場合が多いのです。

夜間より日中のほうが社会活動が多い分、電気を使う量も多くなります。それにともない電力会社は、電力使用量がピークに達しても不足しないよう、発電し続けています。

発電量は夜間でも変わらないのに、夜間のほうが電気の使用量は少ないため、つくった電気は余ることになります。そこで、電力会社は余った電気をムダにすることがないよう、夜間の電気料金を安くして電気を使ってもらおうと考えているのです。

電力会社によって設定しているプランに違いはありますが、たとえば中部電力のスマートライフプランだと、電気単価は1キロワットアワーにつきデイタイムが38・95円なのに対し、ナイトタイムは16・63円と2倍以上も日中のほうが高くなっています。

これを家庭単位で考えれば、もしも今まで日中に電気を使っていたことを夜間に移行できるなら、そのほうがかかる電気代は安く抑えられるということです。明細をチェックして、今の自分たちが加入しているプランやライフスタイルを見直すことで、電気代を安くするチャンスはあります。

電気代の節約は、日々の無駄を見直すことで、住まいを安心して持ち続けられる環境を整え、節約と効率的な管理が、家計にゆとりを生み出し、家族の暮らしをより豊かにしてくれます。

そして、そうした節約の努力を一気に加速させるのが、太陽光発電ということになるのです。

3　そもそも太陽光発電って、どんなもの？

太陽光発電ができる家に住むメリット

「太陽光発電ができる家に住むと、３０００万円の損失を免れることができます」――私たちは家づくりをお考えのお客さまに対し、そんなふうにお伝えしています。

建てた家に住んでからではなく、家を建てる前にお伝えすることにも大きな意味があります。それは、後から設置するよりも、家を設計する最初の段階から太陽光発電を組み込むほうがコストを低く抑えられるからです。

さらに、太陽光発電に必要なパネルや蓄電池などのアイテムは、設置する際に必ず配線が絡んできます。家を建てた後から配線のことを対応するより、設計のときに処理しておいたほうが見た目も圧倒的に美しく仕上がります。

電気の線があちこちに出ていたり、壁に不自然な穴が開いていたりするより、どこに配線しているのかわからないくらいスッキリしているほうが素敵なデザインに感じられるのは当然ですよね。

すっきりした太陽光発電ができるデザインの家をつくりたいですね。

「つくる」→「ためる」→「使う」を実現する太陽光発電

太陽光発電とは、太陽の光を活用して電気をつくる発電方法のことをいいます。

私の記憶では、2009年に太陽光発電が本格的に広まる兆しがスタートした印象です。その後、2021年に閣議決定された地球温暖化対策計画では、「2039年において新築戸建住宅の6割に太陽光発電設備が設置されていることを目指す」とうたわれています。そのくらい、現在は私たちにとって身近な存在になっているものなのです。

ところで、太陽光発電と聞くと、家の屋根に設置されたパネルを思い浮かべる人は多いのではないでしょうか。もちろん、太陽光発電に太陽光パネルが必要なのは事実です。太陽光パネルに光が当たれば当たるほど、発電量は増えます。

ただ、太陽光パネルを屋根に乗せて終わりではありません。太陽の光を活用してエネルギーを「つくる」→「ためる」→「使う」というサイクルを通じてはじめて太陽光発電ができる自給自足がかなう家、ということになるからです。

そのためには、蓄電池やパワーコンディショナー、分電盤や電力量計といった装置とそれらを設置する施工会社による工事も必要です。

太陽光発電がスタートした当時は太陽光パネルのみを設置していた家もありましたし、新築の家だとせいぜい3～4キロワット太陽光発電を設置するのがいいところでした。しかも、工事費用も1キロワットあたり100万円近くかかっていたと思います。

そこから屋根や太陽光パネルの改良が進んだこともあり、現在では1軒の家で8～13キロワットの太陽光発電を設置するだけでなく、工事費用も1キロワットあたり約20～30万円で済むなど、ぐっと実用的に進化しています。太陽光発電が広く普及している理由は、そのあたりにもあるのではないでしょうか。

4　太陽のエネルギーで電気代をゼロにする

無料でエネルギーを使える

太陽の光を活用する太陽光発電は、エコでクリーンなエネルギーです。太陽光発電の魅力は、そうした環境面だけではありません。当たり前のことですが、太陽の光はお金を支払わなくても誰でも手に入れることができるエネルギーです。

これまでもこれからも、値上げすることもありません。無料でエネルギーを使うことができるのです。だとしたら、これを活用しない手はないと思いませんか？

私たちは、政府や電力会社に頼ることが当たり前でした。しかし震災以降、それでよいのか疑問を抱くようになりました。太陽の光を電気に変え、蓄える力が私たちにはあるのです。

5　電気代を賢く削減できる仕組みとは

電気を自給自足できる家の仕組み

太陽光発電を導入した家づくりにすると、なぜ電気代を抑えられるのでしょうか。その仕組みを簡単に説明します。

結論からお伝えすると、太陽光パネルと蓄電池などを活用する太陽光発電は、自宅で使う電力を自家発電でまかなえるのでその分の電気代がお得になる、ということです。

具体的には、日中の太陽の光で発電し、すべての発電量のうち、使った電気はそこでまかない、使わずに余った電気は蓄電池に充電されます。さらに、余った電気は電力会社に売ることができます。夜間は、基本的には蓄電池でまかなえる分の電気を使うことになります。

つまり、太陽光パネルで発電した電気を蓄電池にためて使ったり、売ったりするので、電力会社から電気を買うことがほぼなくなる、というのが太陽光発電です。これが、電気を自給自足できる家の仕組みです。

そして、これは第４章で詳しくお話ししますが、太陽光発電を導入している家は災害時や緊急時に強いという大きなメリットも魅力です。導入する機器の容量などにもよりますが、地震や台風などの自然災害によって停電が起きても蓄電池に電気があれば非常電源として活用することができるので安心です。

太陽光発電はメリットしかない

「電気代は年々上昇していますよね。だからこそ、電気代を安く抑える家づくりは大切です」

「太陽光発電を導入する費用は、ひと昔前に比べて大幅にダウンしています」

「万が一、停電のときでも電気が使えます」

こんなふうに太陽光発電のメリットを挙げていくと、これから家を建てる人が太陽光発電を導入しない理由が見つからないのではないでしょうか。

ちなみに私自身は14年前から太陽光発電を導入しています。当時はまだ今ほど高性能な太陽光パネルなどが存在していなかったことと、屋根の形状や向きが最適ではないという限定的な条件がありながらも、今はコンスタントに毎月２～３万円は電気代を節約できています。

私の場合、ＥＶ車に乗っていて、車が蓄電池とも連動しているので、実質ガソリン代がかかっていません。その分、自分で自由に使える可処分所得が上がります。

これは、自分がお得に暮らしをしていることをアピールしたいのではなく、「せっかく家を建てるなら、お得な暮らしをしませんか？」という耳よりな情報を広めることが私の仕事だと思っているのです。

太陽光発電は、家を建てるときの立地や屋根の形状などによって最適な設置の方法が変わります。

お客さまが自分たちで「このデザインがいい」などと決めることが難しく、設置は施工会社に相談する流れになります。

一般的な住宅と同じように、太陽光発電を設置する家も、実際に住んでからも10年以上たってからメンテナンスが必要になります。そのときまで長いお付き合いになることを考えても、最初にどのハウスメーカーに依頼するのかはとても重要です。

6　失敗しない太陽光発電のポイント①：発電量の多さ

太陽光発電の見極め方のポイント

「電気は電力会社から買うもの。電気代は支払うもの」と思い込んでいませんか?

もしもこれから家を建てるなら、電気を自給自足できる家を建てたほうが生涯にわたって断然お得。そのために欠かせないのが太陽光発電です。

ですが、ひと口に太陽光発電といっても、ピンからキリまでさまざまなパターンがあります。

「どう見極めればいいの？」という声にお応えするべく、ここからは私が考える失敗しない太陽光発電の見極め方のポイントをご紹介します。

4～5キロワットの発電量では少なすぎる!?

太陽光発電でもっとも重要なのは、「発電量の多さ」でしょう。

エネルギーとなる太陽の光を取り込むときに必要になる太陽光パネルは、屋根に乗せるボリュームも大きなポイントになります。屋根に乗せる太陽光パネルが多ければその分、発電量も多くなります。

具体的な例でお話しすると、一般的な住宅の発電量の相場は約4～5キロワットですが、私のところで建てる家は10キロワット以上で太陽光発電ができるようにご提案しています。

もちろん、太陽光パネルを多く屋根に乗せる分、費用は多めにかかります。

ですが、夏の晴れた日だけでなく、天気の悪い日や日照時間が少ない冬場であっても電気代を支払う必要がない状態でいられるように、発電量を増やし、蓄電池に電力をためておくことを目指します。

仮に最初の設置費用が多めにかかったとしても、将来的に支払う電気代を考えると、発電量を多くする仕組みを整えておいたほうが断然お得なのです。

7　失敗しない太陽光発電のポイント②：余った電力を売るという考え方

太陽光発電は、太陽の光の力を借りて電力をつくる

太陽光発電は、太陽の光の力を借りて電力をつくり出します。つくり出した電力が大きければ、日常生活で使う電気代はすべて太陽の力でまかなえることになります。

そもそも電気は、ためておくことができません。「昼間は仕事に出ていて家にいないから、家庭での電気はほぼ使わない」「冷暖房が必要になるのは昼より夜だ」というライフスタイルの人にとっては、せっかく太陽の出ている時間帯に電気をつくっても、昼間はそれほど使い道がないなら意味がないのでは……と思うかもしれません。

日常生活で電気を使い、余った電力は売電できる

そこで登場するのが蓄電池です。太陽光発電を考えた家づくりをするなら、電力をつくる太陽光パネルだけでなく、つくった電力を有効に使えるようにためておく蓄電池も必須だということです。

日中に十分に発電した電力を蓄電池にためておくことで、発電しにくい夜の時間帯に使うことができるようになります。照明や冷暖房、給湯や換気といった日常生活で電力を使う場面をはじめ、ＥＶ車の充電に使うための電力も、蓄電池にためておいたものでまかなうことができます。

そうやって電力を有効活用しても、日中につくられた電力が蓄電池に余る場合があります。それを電力会社に「売電」という形で売ることもできるのです。当然のことながら、売電をすれば、電力を売った分の収入を得られます。

電気代がゼロになるだけでなく、余った電力を売って収入をプラスにできるのが太陽光発電で自給自足をかなえる家の大きなメリットです。

売電収入を得ている人たちの家づくり実例

実際に太陽光発電のできる家づくりをした人たちからは、こんな声が聞こえてきています。

「ガレージの上のスペースに太陽光パネルを設置できるタイプの太陽光発電にしました。今は電気代も高騰し、物価も上がってきて生活費がかかる時代。毎月３万円の売電収入があるのは相当大きいと感じています。

家の支払いはローンを完済すれば終わりますが、光熱費はそれから先もずっとかかるもの。

家を建てるときは、間取りと同じくらいランニングコストやメンテナンス費を抑える設備も重視したほうがいいと思います」（愛知県半田市Sさん）。

「12キロワットの太陽光パネルと13・5キロワットの蓄電池の太陽光発電ができる家づくりをしたことで、以前住んでいた家と比べ、毎月の電気代の収支が大幅に変わりました。たとえば、ある年の6月の電気料金は1万1661円で売電収入が1万3376円だったので、家計は1万1833円のプラスになりました。翌7月は電気料金が1万1543円、売電収入が1万4799円だったので、1万5956円の収益が上がりました。まさに自給自足の家がかないました」（愛知県南知多町Nさん）。

「ガスによる火災事故が心配だったので、新築するならオール電化にしたいと考えていました。屋根には品質に定評のある大容量の11・2キロワットの太陽光パネルを乗せています。審査を通過したのでリースを利用できることになったのもよかったです。実際に住んでみると毎月の電気代を大幅に抑えられているだけでなく、売電収入も想像以上にあるのでうれしい驚きでした」（愛知県阿久比町Yさん）。

このように、売電収入があることで家計をサポートすることは可能です。家づくりの最初の段階で「毎月いくらくらいの売電収入を得られるか？」をシミュレーションしておくこともおすすめです。

〔愛知県半田市Ｓ様邸〕

8　失敗しない太陽光発電のポイント③：収益の上がる太陽光パネルと蓄電池を選ぶ

太陽光発電を導入する目的は

太陽光発電を導入する目的は、暮らしを豊かにすること。これに尽きるでしょう。

細かいことですが、夏場にエアコンを使うとき「本当はもっと涼しいほうが快適だけれど、電気代がかかるから設定温度を高めにしておこう」と考えたり、冬場でも「本当はもっとあたたかい部屋で眠りたいけれど、電気代が高くなるからエアコンのスイッチはオフにして寝よう」と思ったりしたことはありませんか？

節電は悪いことではありませんが、そのために快適な生活を送れなくなったり我慢を強いられたりするようでは毎日が豊かな暮らしとはいいがたいでしょう。

電気の節制や我慢とは無縁の豊かな暮らしを実現するなら、太陽光発電の家に住むことです。ただし、太陽光発電ならなんでもいいわけではありません。きちんと収益の見込める太陽光発電を導入することが欠かせません。そのためには、太陽光パネルや蓄電池の「質」にもこだわる必要があります。

太陽光パネルは「保証期間」、蓄電池は「容量」をチェックする

太陽光パネルを選ぶときは、保証期間をチェックしましょう。

たとえば私のところで扱っている太陽光パネルは、業界最年長の40年保証を提供しています。一般的な太陽光パネルは10～25年くらいが保証の相場といわれていますが、40年保証があれば安心です。40年後も90％以上の発電を期待することができるのです。

蓄電池を選ぶときは、容量を確認しましょう。

一般的な住宅では5～7キロワットアワーといわれている蓄電容量ですが、フル充電で４人家族が１日に使う電力をカバーするには13・５キロワットアワーの蓄電池が適しています。

このように、ひと口に太陽光パネルと蓄電池といっても、それぞれの保証期間や搭載量に相当な個体差があります。せっかく導入するなら、効率よく収益が上がるようなものを選ぶことが大切です。

9　優先すべきは「まず自分で使う」という考え方

余った電力は売ったほうが得？

先ほど、「余った電力を売る」という方法で収入アップにつながる、というお話をしました。

売電をしてお金を稼ぐ、ということです。住宅用の太陽光発電では、自分の家で使いきれずに余った電力を買い取ってもらう「余剰電力買取制度」があります。その固定買取期間は変化をしながらも、現在は10キロワットを超える家庭用の電力は10年間となっています。

これを聞いたとき、「だったら、太陽光発電でつくった電力を自分で使わずに、すべて売ってしまえばもっと儲かるのでは？」と思うかもしれません。ですが、実際はそうではないのです。

電力を高値で買うよりは、自分で使ったほうが断然お得

現在のような決まった価格で電力を買い取ってもらえる制度がスタートした2009年頃だったら、それもアリだったかもしれません。なぜなら、電力は買うよりも売るほうが高い値がついていたからです。

ところが、年々売電価格は引き下げられています。今は、電力を売るより買うほうが高い時代。つまり、つくった電力は売るよりも、自分で使って「買わない工夫」をしたほうが断然お得なのです。蓄電池を活用すれば、つくった電力をためておくことができるので、それをかなえることができます。

たとえば、早朝や夕方以降といった太陽が出ていないために電力をつくることができない時間帯であっても、蓄電池に電力をためておけば、それを放電して使うことが可能です。売電を

して少額のお金を得るのと、電力を高い値段で買って使用することを天秤にかけた場合、「まずは自分で使う」ほうが圧倒的に賢い選択です。自給自足の家づくりは、時代に即した考え方でもあるのです。

〔太陽光発電 売電価格の推移〕

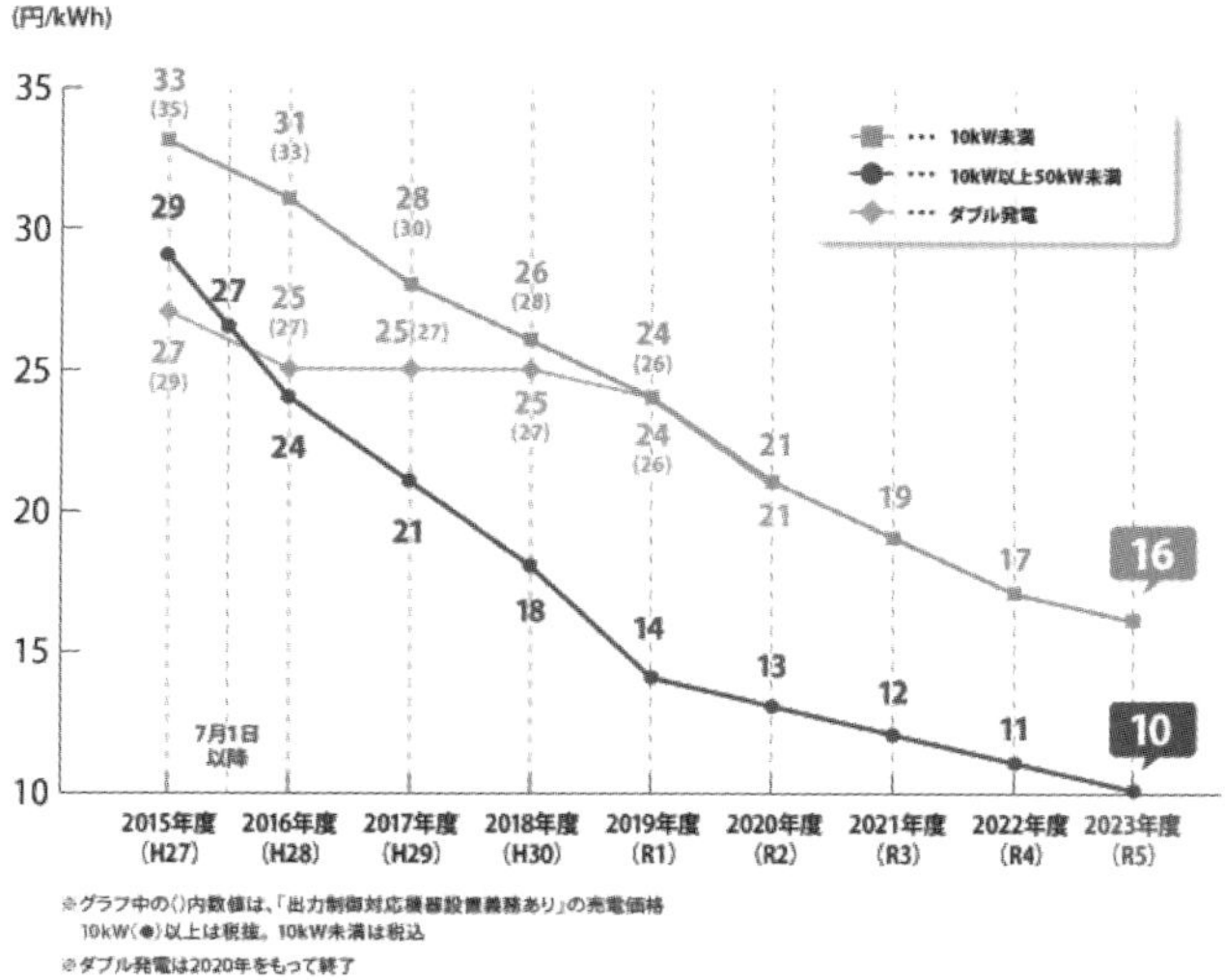

※出典：資源エネルギー庁

10　40年保証の太陽光パネルは「超お得」

40年保証のメリットは住宅ローンの長さに関係

屋根の上に乗せて、太陽の光のエネルギーから電力を生み出す太陽光パネルも、時代によって進化しています。

性能の進化については後ほど詳しく説明しますが、画期的な進化の1つに保証期間があげられるでしょう。これまでは20年間だった保証期間が、倍の40年間になった太陽光パネルが登場しました。

なぜ40年間の保証がお客さまにとってメリットがあるかというと、それは住宅ローンの長さに関係しています。

太陽光パネル選びのコツは「保証期間の長さ」と「発電量の多さ」

家づくりを考えるとき、住宅ローンは30～35年前後で組む人が多いのではないでしょうか。

もしも40年間の保証のついている太陽光パネルを採用するならば、住宅ローンの返済が終わるまでそのまま使い続けることができる計算になります。20年で保証が切れる場合、途中で壊れたら交換するのに費用が発生しますが、40年の保証がついていればその必要はありません。

私のこれまでの経験上、20年間の保証のついている太陽光パネルは長くて25年くらいでその役割を終えるときが来るようです。一般的にも25年経過した太陽光パネルは、約８割まで劣化するといわれています。すると、どうしても新しい太陽光パネルに交換せざるを得ないわけです。

20年と40年の保証がそれぞれついている太陽光パネルは、多少値段に差があるものの、保証期間のように倍ほども変わりません。それほど値段に違いがないものだとしたら、保証期間が長いものを選んだほうがお得であることは明らかです。

ちなみに私のところで扱っている太陽光パネルは、マキシオン社のもので40年で88・３％の発電を保証しています。保証期間だけでなく発電量にも差が生まれる太陽光パネルは、「乗せればいい」ではなく「保証期間が長く、発電量の多いものを乗せる」という点にこだわって導入することをおすすめします。

東京では、すでに太陽光パネルの搭載を条件とする建築が始まっています。しかし、どの太陽光パネルを選ぶべきかの基準はまだありません。そのため、価格だけで選ぶと、保証期間が短いパネルに当たることもあります。保証が短いパネルを選んでしまうと、後で損をする可能性があります。太陽光パネル選びのポイントをしっかりと理解し、賢く選択しましょう。

11　失敗しない太陽光パネル選びのチェックポイント

太陽光パネルを見極めるポイントは

自給自足の家づくりとして太陽光発電を検討するとき、どの太陽光パネルを選ぶかはとても重要な問題です。屋根に乗せた太陽光パネルによっては、毎月得られる収入が相当変わってくるからです。

前提として「どのくらい発電量があるか？」は太陽光パネルを選ぶときの大事なチェックポイントです。これは、ハウスメーカーの営業マンに質問することですぐにわかります。発電量が10キロワット以下しかない場合、それはいい太陽光パネルとはいえません。

「どのくらいの保証期間があるか？」については先ほど説明したとおりです。20年しか保証期間がついていない場合、それは旧来の太陽光パネルといっていいでしょう。コストを考えるなら40年の保証がついているものを選びましょう。

「金属の配電線が表に出ているか？」でチェックできる

耐久性は保証期間とかかわってくる話ですが、メンテナンス費用というコストを下げる意味では軽視できません。

これは少しマニアックな内容になりますが、知っているとハウスメーカーの営業マンに確認したときに「太陽光パネルのことをよく知っている、手ごわい相手だな」などと、丁寧な対応を心がけてくれるかもしれません。

太陽光パネルは、セルと呼ばれる太陽電池としての機能を持つ最小の単位のものを必要な枚数配列して、屋外での風雨に耐えられるように樹脂などで強化されています。

以前はこのセルとセルをつなぐために必要な、金属製の配電線が表面にあったため、どうしても劣化しやすいという弱点がありました。ところが進化をとげた太陽光パネルでは、配電線がセルの裏側についています。すると、風雨にさらされる機会が大幅に減ることもあって耐久性は高くなるのです。

風雨に対する腐食を防ぐという意味では、「銅基盤を使っているかどうか」も耐久性の高い太陽光パネルを見極めるポイントになりますが、残念ながらこれは表面からは見えない部分です。

結論として、耐久性の高い太陽光パネルを見極めるときは、配電線が表に出ているかどうかをチェックしてみてください。配電線が見えたら20年、見えなかったら40年の保証がその太陽光パネルにはついている、ということになるはずです。

12 「太陽光パネル＋蓄電池」で自給自足の家づくり

太陽光パネルだけでは自給自足は難しい

「太陽光パネルを屋根に乗せただけでは電気代はゼロ円にならないの？」という質問を受けることがあります。たとえば、すでに家を建ててそこに住んでいる人が、後から太陽光発電をして自給自足の家にしたい、という場合などです。

答えは「太陽光パネルだけでは、自給自足は難しい」ということになります。その理由はやはり、「太陽光パネルでつくられた電気は、基本的にはためておけない」という事実があるからです。

太陽光発電による自給自足の家は、太陽光パネルと蓄電池がセットであって、はじめてかなえられるようになります。

昼間つくった電力を蓄電池にためて夜に使う

太陽光発電は、太陽が出ている昼間に電力がつくられます。ただ、昼間は明るいうえに家にいないことも多いので、つくった電力を使いきることがないケースもよくあります。

だからといって、余った電力を売ればいいかというと前にもお話ししたとおり、今は電力の買取価格が安い時代。売電してもそれほどプラスにならないのであれば、太陽が沈んだ後、夜の時間帯になって高い電気代を支払うことなく、自分たちでつくった電力を使えばいいじゃないか、ということになるわけです。

昼間につくった電力をためておく役割を果たすのが蓄電池です。昼間に蓄電池を満タンにしておくことで、夜間は電気を買わずにたまっている電力を活用すれば電気代がゼロ円の生活も可能になります。

ただし、ためておくことができる電力の容量や耐用年数は、蓄電池によって異なります。

停電時でもいつもと変わらず電気が使える「全負荷タイプ」がおすすめ

太陽光パネルと同じように、蓄電池もさまざまなメーカーから商品が出ていて、特徴もそれぞれ異なります。

以前は、負荷タイプで検討することをすすめられるケースもあったようです。

蓄電池は、負荷タイプによって二種類あります。

１つは、「特定負荷タイプ」といって、蓄電池から供給される電力を家庭の特定の場所で使うことができるタイプです。ただ、特定負荷タイプは２００ボルト以下の電力に限り使用でき、コンセントは1か所しか用意されていないため、「キッチンにある冷蔵庫」や「リビングにあるテレビ」というようにピンポイントでしか活用できないという特徴があります。

蓄電池は停電時にも電力の供給源として活躍しますが、特定負荷タイプの場合だと最低限の家電を優先して動かすことしかできないことになります。

もう1つは、「全負荷タイプ」です。これは、蓄電池からの電力を使って、家庭内のすべてのコンセントを活用することができるタイプです。停電時であっても、リビングや電子レンジなど電気をたくさん使う家電などにも対応できます。

ひと昔前までは、蓄電池の市場は特定負荷タイプが占めていました。それが最近になって全負荷タイプが躍進し、今では主流になっています。

グラフを見てもわかるように、大規模な停電が発生すると復旧するまでに時間がかかります。せっかく蓄電池を設置するなら、停電などの非常時でも普段どおりの生活ができるボリュームの電力を求めるのは自然の流れだといえるでしょう。

蓄電池は、災害時に非常に役立つため、世界中で注目を集めています。これまでは特定負荷タイプが主流でしたが、最近では全負荷タイプへの関心が高まっています。災害時に後悔しないためには、蓄電池について正しく理解することが重要です。自分に最適な蓄電池を選ぶことで、非常時にも安心して電力を確保できる環境を整えましょう。

〔これまでの台風被害における停電戸数の推移〕

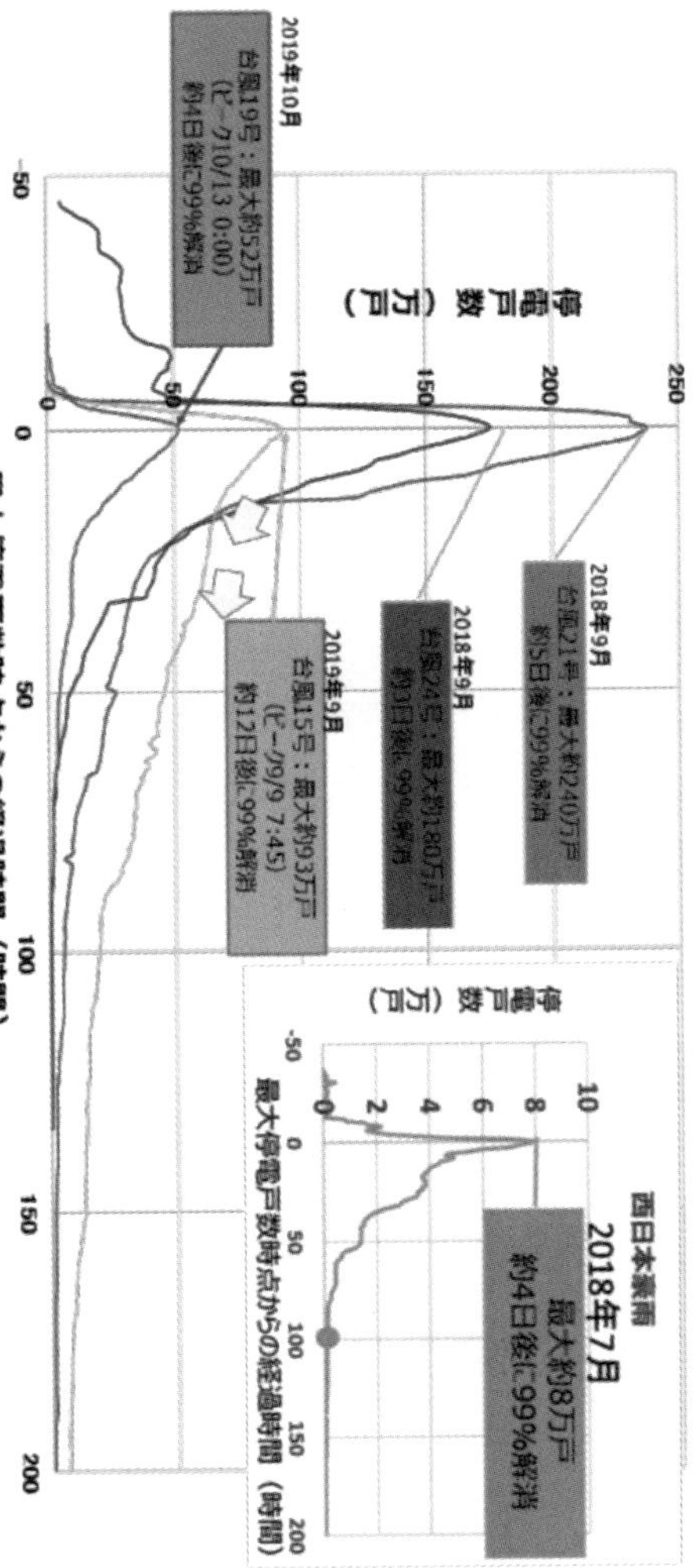

※2019年台風19号については、10月12日(土)午前中に強風による飛来物の影響により、短時間(1分程度)発生した停電の影響を除く。

出典：総合資源エネルギー調査会

13　太陽光パネルと蓄電池は設置にいくらかかる？

お金のことは家づくりにとっていちばん大切な問題

自給自足の家づくりをかなえるために太陽光発電をするなら、その費用はどのくらいかかるものなのでしょうか。お金のことは家づくりを考える人にとって、いちばん大きな問題といえるでしょう。

太陽光パネルの設置費用は年々下がってきている

太陽光パネルを設置する費用は、容量の大きさによって変わります。

経済産業省の調査によれば、家庭用の太陽光発電に必要なシステム費用（太陽光パネル、パワーコンディショナー、設置架台、配線などその他の設備、設置工事費）の平均値は1キロワットあたり28・8万円とのことです。これは、あくまでも1キロワットあたりの価格なので、たとえば13キロワットの太陽光発電を希望するなら、28・8万円×13キロワット＝３７４４万円くらいかかることになります。ただ、グラフを見てもわかるように、費用は年を追うごとに下がってきているのも事実です。調査をスタートしたときと最新データを比べると、約60％までダウンしていることがわかります。

安くて高性能な蓄電池を設置するならテスラ社一択

蓄電池に関しても価格には差があります。蓄電池本体の購入費用のほかに、設置費用や電気工事の費用もかかります。旧来のひとケタ台の電力しかためておくことができない容量の少な

〔システム費用平均値の推移〕

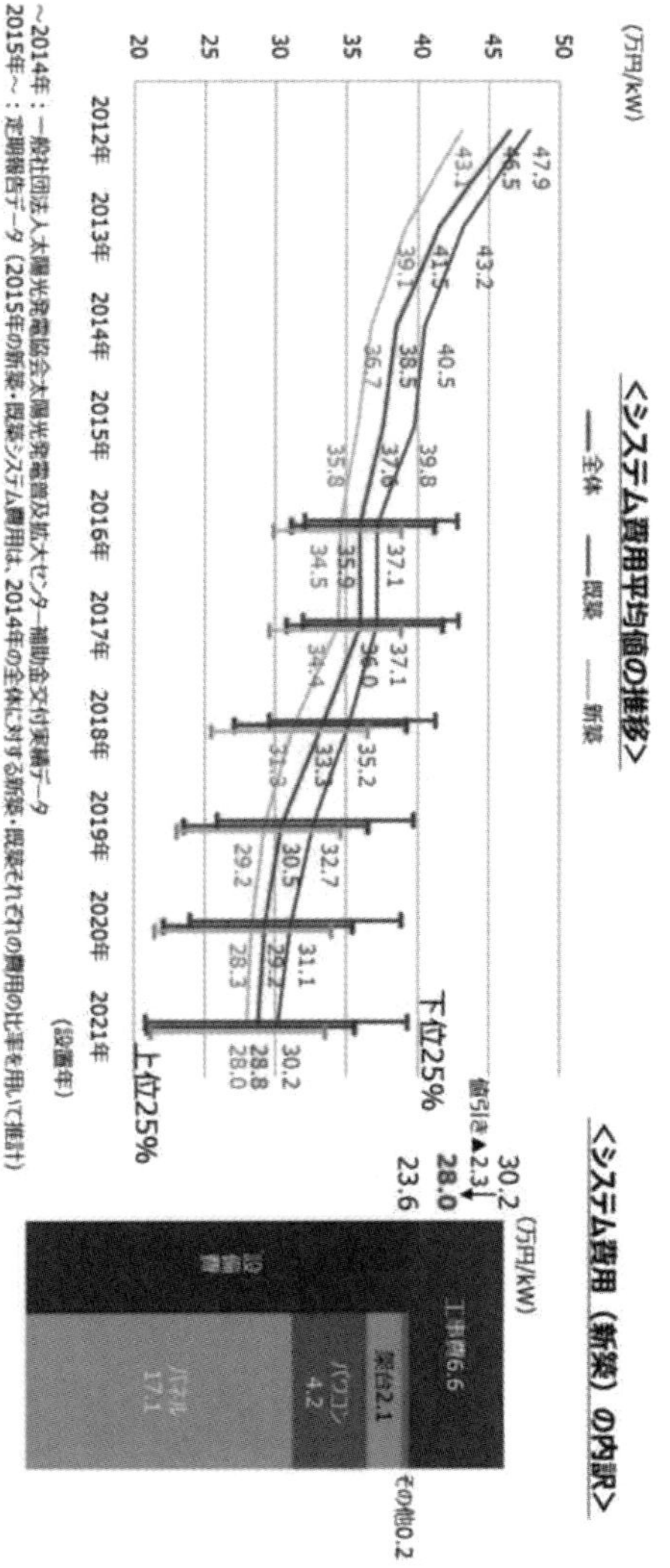

~2014年：一般社団法人太陽光発電協会太陽光発電普及拡大センター補助金交付実績データ
2015年~：定期報告データ（2015年の新築・既築システム費用は、2014年の全体に対する新築・既築それぞれの費用の比率を用いて推計）

※出典：資源エネルギー庁

い蓄電池を設置する際にかかる費用の相場は、１００～１６０万円くらいといわれています。

もしもコスパを考えるなら、私がおすすめしたいのはテスラ社の蓄電池を設置するという選択です。テスラ社の蓄電池「パワーウォール」はおおよそ１３０万円を少し超えるくらいの価格で購入できます。もちろん、そこに工事費用などは乗ってきますが性能の高さを考えると圧倒的にお得だといえるでしょう。

次の章で詳しく説明しますが、費用と性能という両面から考えても「安くて高性能」をかなえられるのは今のところテスラ社の蓄電池、一択だと思っています。

数百万円の初期投資で将来の豊かな暮らしを得る

太陽光発電を導入しようとすると初期費用としては数百万円かかってしまいます。ただ、この数百万円は将来の投資と考えるべきだと私は思います。なぜなら、この数百万円を捻出することをためらい、導入をあきらめることにより、生涯支払う電気代で家がもう1軒建てられるほど大きな差が生まれる可能性は高いからです。車をＥＶ車にした場合、太陽光発電にしたおかげで生涯ガソリン代もゼロになります。電気代やガソリンが抑えられ、災害時などの停電にも強く、環境にも配慮した太陽光発電を導入できるなら、数百万円の初期投資をどうとらえるか。そこは個人の判断になりますが、私は豊かな暮らしができるチャンスだと思っています。

第3章

もっと知りたい
太陽光パネルと蓄電池の最新情報

1　太陽光発電にまつわるウソにだまされない

ウソ情報①：「売電価格が下がるのでやめたほうがいい」というウソ

「売電価格は下がっているので太陽光発電はやめておいたほうがいいですよ」

「太陽光発電をしても電気の買取価格は少しにしかならないので損ですよ」

こんなふうな営業マンの話には、惑わされないようにしましょう。

なぜ、営業マンがそんな話をするのかは、その営業マンが自分のハウスメーカーで推奨していないものを売りたくないだけかもしれませんし、そもそも勉強不足によって太陽光発電についての知識がないだけかもしれません。いずれにしても、太陽光発電を導入しないことのメリットはない、と私は考えます。

太陽光発電で一生分の電気代の支払いが数千万円お得に！

繰り返しになりますが、毎月かかる電気代が上がっている今、自分の家で使う電気をはじめとするエネルギーは自分でつくることが家計をサポートするための必須条件です。そのためには、発電量が多くエネルギー自給率の高い太陽光発電を取り入れるという方法しか、これからの家づくりに与えられた選択肢は残されていないのです。

たとえば12～15キロワットのエネルギーをつくることができる太陽光パネルと蓄電池などの太陽光発電を導入し、発電量が多く自分の家で使う分をまかなえれば、たとえ売電価格が下がっていたり、買取価格が少額だったりしても、支払う電気代はゼロまたは少額で済むだけでなく、収入アップも見込めます。

その結果、一生分の電気代などの支払いが数千万円プラスになる可能性は高いのです。

ウソ情報②：「オール電化の家は節約にならない」というウソ

「電気代が上がるなか、オール電化の家にしても節約にならないのでは？」という質問を受けることもあります。家づくりの際に「オール電化にするか？」「電気とガスを併用するか？」で悩む人は少なくありません。

たしかに、ここ数年は電気代が上がっているので、ガスより電気を使うほうが割高な印象があるかもしれません。

ただ、これも太陽光発電があるかないかで話はまったく変わってきます。エネルギー自給率の高い太陽光発電を導入すれば、発電した電気を活用できるので、電気代をゼロにすることもできるようになります。

ソーラーエコキュートなら、さらにコストダウンが可能

オール電化の家で活躍するのはエコキュートです。エコキュートとは電気給湯器の一種で、ヒートポンプと呼ばれる技術により空気の熱を利用してお湯をわかします。一般的なエコキュートは、深夜の時間帯に1日分のお湯をわかすシステムです。

ただし、これも私のところで扱っているソーラーエコキュートだと、さらにお得になります。というのも、最近は原発停止などの理由によって深夜の時間帯に使う電気代が高くなっています。ソーラーエコキュートは、夜間にお水をわかす量を減らし、太陽光発電の余剰電力で日中にお水をわかすため、よりコストをかけずにお湯をつくることができるのです。

ちなみに、エコキュートは、300〜400リットルという大きなタンクに水をためておくことが可能なので、災害時などで断水状態になったとしてもしばらくは備蓄水としてためた水を使えるというメリットもあります。その分、エコキュートを設置するためには広いスペースが必要になります。

さらに、エコキュートで使われているヒートポンプでは冷媒として二酸化炭素を使用するため、環境に優しいとされています。

一方、エコキュートの空気圧縮機から生じる「低周波や音が気になる」という声もあるようです。エコキュートは深夜に稼働するため、設置する位置に工夫をするなどの対策が必要にな

ることもあります。

ウソ情報③：「太陽光発電はそもそも採算が合わない」というウソ

「太陽光パネルや蓄電池を設置するための費用が高いのでは？」

「そんなにお金をかけて太陽光発電を導入しても、元がとれるまでに何十年もかかるのでは？」

「メンテナンス費用や故障したときに費用を考えると、割が合わないのでは？」

そんなふうに、太陽光発電にかかるコストについて疑問に思う人もいるようです。もっと具体的にいえば、太陽光発電にかかる支出と収入の採算が合わないことに対する不安、ということになるのでしょうか。

ですが、これから家づくりをするなら、太陽光発電を取り入れたほうが断然お得であることに間違いはありません。

太陽光発電の家が最高にコスパがいい５つの理由

「太陽光発電はそもそも採算が合わない」というウソを覆す理由は、主に次の５項目です。

(1) 電力が値上りしていること

(2)安いはずだった深夜電力も以前より高値になっていること
(3)太陽光パネルや蓄電池の価格が以前よりリーズナブルになっていること
(4)太陽光パネルや蓄電池が以前より高性能で長期保証がついていること
(5)今後EV車が普及すれば電力不足になるため、さらなる値上げが予想されること

電気代が高騰する一方で、コストを低くおさえられ、つくられた電力を自分の家で使うことができるなら、太陽光発電を導入することの採算が合わないはずはないと思いませんか？

2 今すぐ家庭で実践できる家電別「節電ワザ」

余剰売電の仕組み

太陽光発電の導入を考えたとき、よく出てくるワードに「余剰売電」というものがあると思います。これは文字通り、発電して余った電力を売る、ということを意味します。

たとえば、午前10時から1時間、7キロワットの電力を太陽光発電で発電したとします。その時間帯に誰も家に人がいないとしたら、つねに電気を使っているのは冷蔵庫など限られたものになるので、消費電力を合わせてもだいたい1キロワット程度でしょう。すると、残りの6キロワットは余るので、それを売電することができる、ということになります。

蓄電池があると、お得な理由はここにもあります。

先ほどのケースで考えると、余った６キロワットの電力はそのまま売らずにまずは蓄電池にためることになります。そのまま２時間たつと６キロワット×２時間＝12キロワットの電力がたまる計算です。

最近の大容量で高性能な蓄電池には12キロワットの電力をためることができるので、そこで蓄電池に満たしておいて、それ以外の時間に余った電力を売電するようにします。

そうすれば、自分の家で使う電力をわざわざ高いお金を払って外から買うこともなく、自分でまかなうことができるだけでなく、余った分の電力を売ってプラスにもできる、というわけです。

これが余剰売電の仕組みです。

おもな家電別の省エネ・節約のポイント一覧

家づくりをするときに太陽光発電を導入すると電気代を節約できることは伝わったと思います。

そのうえでもしも、「まだ家が完成するまでに少し時間がかかる」「家づくりのための資金を今のうちから少しでもためておきたい」という場合、今からでもはじめられる電気代の節約のコツがあります。

たとえば、省エネ家電に買い替えたり、使い方を見直したりするのもその1つの方法でしょう。

経済産業省 資源エネルギー庁が発表しているデータによると、次のような省エネのコツが家電別に掲載されていますので一部をご紹介します。

・**エアコン**
冷房を使うときの室温の目安は28℃。外気温度が31℃のとき、2・2キロワットのエアコンの冷房設定温度を27℃から28℃に上げた場合、年間の電気は30・24キロワットアワーを省エネでき、約820円の節約になります。暖房を使うときの室温の目安は20℃。外気温度が6度のとき、2・2キロワットのエアコンの暖房設定温度を21℃から20℃に下げた場合、年間の電気は53・08キロワットアワーの省エネでき、約1430円の節約になります（冷房も暖房も使用時間は1日あたり9時間とします）。

また、フィルターを月に1～2回清掃することで、年間の電気は31・95キロワットアワーの省エネとなり、約860円の節約ができます。これらの取り組みは、家計に優しいだけでなく、地球環境にも貢献する重要な1歩となります。

・テレビ（液晶テレビ）

部屋の明るさに合わせ、適切な明るさのテレビ画面で視聴しましょう。「明るさセンサー」が搭載されている機種では、オンにすると部屋の明るさに合わせ、画面が適切な明るさになるよう自動的に設定されます。

32Ｖ型の画面の輝度を最適（最大↓中間）にした場合、年間の電気は27・１０キロワットアワーの省エネとなり、電気代は約７３０円節約できます。

・冷蔵庫

冷蔵庫に食品などをいっぱいに詰め込んだ場合と、半分の量に減らした場合を比べると、年間の電気は43・８４キロワットアワーの省エネとなり、電気代は約１１８０円の節約になります。扉を開けている時間を20秒と10秒で比較すると、年間の電気は６・１０キロワットアワーの省エネとなり、電気代は約１６０円の節約ができます。

また、冷蔵庫内の設定温度を「強↓中」にした場合、年間の電気は61・７２キロワットアワーの省エネとなり、電気代は約１６７０円の節約となります。

・照明器具

使用環境や条件によってばらつきはあるものの、年間点灯時間を1日5～6時間、電気代は電力量1キロワットアワーあたり27円、消費電力は８畳用蛍光灯用シーリングライトを68ワットでＬＥＤシーリングライトを34ワット、購入価格は8畳用蛍光灯用シーリングランプを２１３５円で8畳用ＬＥＤシーリングライトを８７２３円とそれぞれ設定した場合、ＬＥＤシーリングライトは 蛍光灯シーリングライトに比べて 消費電力は50％省エネとなり、年間電気料金は1年間で１８３６円節約できます。

・電球

白熱電球（54ワット）から蛍光ランプ（12ワット）に切り替えると、年間で84キロワットアワーの省エネとなり、約２２７０円節約できます。

さらに白熱電球（54ワット）とＬＥＤランプ（９ワット）に切り替えると、年間で90キロワットアワーの省エネとなり、約２４３０円節約できます。

・電気便座

開けっ放しのフタを閉めた場合、年間で３４９０キロワットアワーの省エネとなり、約９４０円の節約ができます。暖房便座や洗浄水の温度を「中→弱」に下げた場合も省エネと節約が可能になります。

暖房期間の周囲温度を11℃、冷房期間の周囲温度を26℃とし、冷房期間に暖房をオフにした場合、暖房便座は年間で26・４０キロワットアワー、洗浄水は１３８０キロワットアワーの省エネ、暖房便座は約７１０円、洗浄水は約３７０円の節約がそれぞれできます。

・ジャー炊飯器

製品によっても異なるものの、ご飯を炊飯器で保温するときは4時間が目安。４時間以上保温するときは、電子レンジで温め直すほうがエネルギーは少なく済みます。

１日7時間保温した場合、コンセントに差し込んだままの場合とコンセントからプラグを抜いた場合を比較すると、年間で４５７８キロワットアワーの省エネとなり、約１２４０円節約できます。

・電子レンジ

野菜の下ごしらえをするときにガスコンロより電子レンジを使うと節約につながります。たとえば、１００gの食材を1リットルの水（27℃程度）に入れてガスコンロで沸騰させて煮る場合と、電子レンジで下ごしらえをした場合を比較すると（３６５日1日1回使用）、葉菜（ほうれん草、キャベツなど）は約９９０円、根菜（ジャガイモ、里芋など）は約９４０円、果菜（ブロッコリー、カボチャなど）は約１０７０円の節約になります。

電子レンジを活用することで、電力消費量を抑えられるだけでなく、調理時間も短縮されるため、ガス代や時間の節約につながります。そのために、食材の水分やビタミンCなどの水溶性栄養素の流出を防ぐ効果も期待できます。特に葉菜類や果菜類は短時間で加熱が可能なため、栄養を逃さず効率よく調理できるのが魅力です。

3　太陽光パネルの発電率は100％ではない

1日の発電量はどのくらいになるか

「太陽光発電を導入したけれど、期待していたほど発電しなかった」という事態は避けたいものです。せっかく費用を捻出して太陽光発電の家づくりをしても、肝心の発電量が少なければ節約にはならないからです。

ところで、そもそも太陽光パネルを設置した場合、1日の発電量はどのくらいになると思いますか？

太陽光パネルの発電量は約70％と考えて正解

東京電力のサイトによると、「一般家庭の太陽光発電で使われるソーラーパネルの多くは、システム容量が3～5キロワット程度ですから、1日の発電量の目安は約8・2～13・7キロワットアワーだと考えることができます」と記されています。

もちろん、季節や地域によっても異なりますが、発電量は次のような式で計算できるとされています。

・1日の発電量＝システム容量×日射量×損失係数

「システム容量」とは、設置した太陽光パネルがどのくらいの量を発電するかをキロワットで示したものです。「日射量」とは、太陽光パネルに当たる太陽からの光の量です。損失係数とは、光エネルギーを電力に変換するときに生じるロスを意味しています。

気をつけたいのは、損失係数の存在です。私の経験上からも、太陽光パネルが発電するのは１００％ではなく、約70％という印象です。つまり、３キロワットのシステム容量の太陽光パネルでは、実際に約2キロワットしか発電はしないということになります。

住む人の数やライフスタイルに合わせたボリュームの太陽光パネルを設置する

太陽光パネルの発電量がシステム容量で表示されているものの約70％だとすると、「だったらシステム容量が大きい太陽光パネルを大量に屋根に乗せればいいのでは？」と考える人もいるかもしれません。

実際、前章でもお伝えしたように、３～５キロワットというひとケタの数字しか発電量しかない太陽光パネルでは「自給自足の家づくり」は不可能でしょう。

太陽光パネルを大量に屋根に乗せるためには、その分の費用がかかることになります。大きな屋根には大きな家やスペースも必要です。

だからこそ私がおすすめしているのは、「最低でもふたケタの発電量が見込める太陽光パネルを選ぶこと。そして、ライフスタイルに合わせ、必要なボリュームの太陽光パネルをとりつけましょう」ということです。

10〜12キロワットの発電量が見込める太陽光パネルを設置するのは基本ですが、「夫婦2人の暮らしで、日中は共働きで家にいない」「小さな子どもが3人いて妻は専業主婦」など、家族や夫婦の人数やライフスタイルによって使う電力の量は変わってきます。

そのためにも、どうしたら自分たちの使う電力を効率よくつくり出せて、お得に暮らせるかを考えることが最善策です。それをお客さまの目線で考え、よりよい提案をすることがハウスメーカーの営業マンの手腕でもあるのです。

4 アメリカ製「マキシオン」の太陽光パネルのメリット

理想的な太陽光パネルとは

前章では、太陽光パネルについて「保証期間の長さ」と「発電量の多さ」を選ぶときのポイントにするといいというお話をしました。

そして、私のところで扱っている太陽光パネルは業界最年長の40年保証を提供し、発電量も一般的なものより格段に多いということにも触れました。

では、そんな理想的な太陽光パネルとは具体的にどのようなものなのか、詳しくご説明します。

太陽光パネルはピンからキリまでさまざまある

「自分の会社で扱っている太陽光パネルを屋根に乗せるようにおすすめするのは当たり前だろう」と思いますか？

もしもそんなふうに疑う気持ちを持ったり、だからといって私がおすすめする太陽光パネルを選ばなかったりしても、それは仕方がないことだと思っています。ただ、世の中にはさまざまな太陽光パネルが存在し、そのなかには特別に高性能な太陽光パネルもある、ということを事実として知っておくことは、これから先の家づくりに必ず役立つ知識になるはずです。

あらゆる天候に応じた、抜群の耐久性

私のところで標準採用しているのは、マキシオン社の太陽光パネルです。１９８５年に設立したマキシオン社は、アメリカのシリコンバレーに本社がある企業です。

マキシオン社の優れた技術を活かし、２０１２年には世界1周記録を打ち立てた世界最大の

ソーラー双胴船「プラネットソーラー」や2015年に世界1周飛行を達成した「ソーラー・インパルス」、成層圏へ突入する初のソーラー航空機「ソーラー・ストラトス」プロジェクトなど、さまざまな最先端プロジェクトに参加しています。

そんなマキシオン社の太陽光パネルの特徴は、おもに次の2つです。

1つは、優れた耐久性です。太陽光パネルは何十年にも渡り、屋根の上という風雨にさらされる厳しい屋外環境に設置されます。マキシオン社の太陽光パネルは、腐食しにくく割れにくいということから、あらゆる天候に耐える設計になっています。

さまざまな検証や加速劣化試験の研究から、マキシオン社の太陽光パネルの耐久年数は「設置から40年経過後も99％の太陽光パネルが最低でも定格出力の70％の発電をすること」と定義づけられています。

定格出力とは、その装置が安定して出力できる最大の電力量のことをいい、製品の性能や使用可能な範囲を示す大事な指標となるものです。

マキシオン社の太陽光パネルは世界中3300万枚以上に設置され、第三者機関の調査結果や現場データに裏付けられた40年間の保証がついています。一般の太陽光パネルの保証期間は10～25年といわれていますから、マキシオン社の太陽光パネルがいかに特別かわかると思います。

「曇り」「早朝」「夕方」「影」の低照度でも発電可能

一見、どのメーカーの太陽光パネルも同じに見えるかもしれませんが、屋根の上という厳しい屋外環境でいかに高い性能を維持し続けられるかによって、生涯発電量は大きく変わります。

マキシオン社の太陽光パネルは、発電量を最大化するための工夫が細部に渡って施されています。

たとえば、太陽光パネルに関してよく質問されることの1つに「晴れている日でないと発電しないのでは？」というものがあります。

マキシオン社の太陽光パネルは、曇りのときや朝の早い時間、夕方の時間帯などの太陽が低い位置にあるときでも太陽光を取り入れやすくなっていて、1日を通じて従来型のものより多く発電します。

また、屋根の上は、電柱や電線などにより多くの「影」ができてしまう場所でもあります。マキシオン社の太陽光パネルは、屋根の上に影が生じた場合などの低照度でもより多くの太陽光をエネルギーへと変換し、発電量を最大化できるように設計されています。

さらに、マキシオン社は長寿命にも配慮し、環境変化や経年劣化に強い素材を採用することで、瞬間安定した発電能力を維持できるよう工夫しています。高い発電効率を享受でき、経済的メリットが期待できるのです。

5　屋根の上への「乗せ方」でも発電量は変わる

屋根への乗せ方次第で発電量に差が出る太陽光パネル

「太陽光パネルを乗せれば電気代が0円になるなら、太陽光パネルを買って今住んでいる家の屋根に乗せればいいのではないか」と思う人もいるかもしれません。ですが、より効率よく太陽光発電をしたいと考えるなら、もっとお得な方法があることを知っておいてもいいでしょう。

たとえば、「太陽光パネルを、どう屋根の上に乗せるか？」ということです。太陽光パネルは、屋根への乗せ方次第で発電量に大きな差が出るのです。

「よく日の当たる南向き」がベスト

「太陽光パネルの乗せ方に工夫すると、発電量が変わります」そうお伝えすると、多くの方は「南向きに乗せればいいのでしょう？」と思うのではないでしょうか。

たしかに、そのとおりです。東西南北の方角で、太陽の光がもっとも当たるのは、太陽光パネルを南に向いている屋根の上に乗せた場合です。太陽光パネルは太陽の光が当たれば当たるほど、発電量が増えます。

一般的には、「南→南東・南西→東・西→北」の順番で発電量は少なくなるといわれています。

もちろん、周囲にマンションやビルなどの高層建築物や高い樹木というような太陽の光をさえぎるものがあれば、いくら南を向いていても発電量は上がらないので注意しましょう。

乗せる角度は「30度がベスト」は本当？

太陽光パネルの発電量は、太陽光パネルを設置する角度によっても左右されます。

よく「30度の角度が適している」といわれていますが、私の経験ではすべてがその限りではありません。実際に太陽光パネルを設置している人たちに聞いてみたところ、それぞれの最適と思う角度に差があって、「この角度しかありえない」という結論にはいたりませんでした。

唯一共通していたのは「その家にとって、もっとも長く太陽の光を拾う角度で設置する」ということになります。その家の屋根の勾配によっても太陽光パネルを設置するベストな角度は変わってきます。

もちろん、家づくりをする際にどういう形で、どういう向きで、どういう角度の屋根が太陽光パネルを乗せるのに最適化は綿密に検討します。だからこそ、家を建ててしまった後から太陽光パネルを購入して乗せようとしても、「この屋根のデザインでは太陽光パネルを乗せられない」「この屋根の向きでは太陽光パネルを乗せても意味がない」「この屋根の角度では専用の架台をつけて太陽光パネルを乗せたとしても発電量がほとんどない」といったことが起こることもあります。

6　これからの家づくりに蓄電池が欠かせない2つの理由

蓄電池の価値を知る

太陽光パネルのほかに、太陽光発電に欠かせないのは蓄電池です。もはや、これから家づくりをするなら、一家に1台は蓄電池を置くべきでしょう。

蓄電池は、電子レンジやエアコンと同じくらい、これからの私たちの暮らしにはなくてはならない存在です。とはいえ、今はまだそれほど普及していないものでもあります。その理由はただ1つ。まだ蓄電池の持っている価値があまり知られていないからにほかなりません。

蓄電池があれば家計を豊かにしてくれる

なぜ、これからの家づくりに蓄電池がなくてはならないものなのか、その理由は大きく次の2つです。

1つは、繰り返しになりますが電気は「売る」より「使う」がお得な時代だからです。たとえば、太陽光発電を導入した場合、昼間の太陽が出ている間に発電しても、使う用途がなければその電気は売ることになります。それでいて、電気を使うことが増える夜には、わざわざ高いお金を払って電気を買わなければなりません。

そんなもったいないことをしなくても、蓄電池があれば昼間につくられた電気をためておくことができます。蓄電池は、太陽光から生み出したエネルギーをためておくものだからです。昼間に蓄電池を満タンにしておけば、夜は買わずに蓄電池にたまっている電気を使えばお得です。

毎年のように高騰する電気代で家計を圧迫しないようにするのが自家発電であり、蓄電池はその立役者。なくてはならない存在なのです。

蓄電池があれば停電時でも電気が使える

これからの家づくりに蓄電池が欠かせないもう1つの理由は、「停電に強い」という点です。蓄電池があれば電力の供給がかないます。電力会社だけに頼らずにいられるのは大きな安心ではないでしょうか。

記憶に新しい能登半島地震では、おおよそ1か月に渡って停電が続いていました。それでもまだ、被害の大きい地域では1か月たっても約２４００戸で停電が続いているというニュースもありました。

地震や台風といった自然災害は、停電によって二次的な被害がもたらされるものです。停電で困るのは、家の電気がつかないということだけではありません。大切な人たちと連絡をとったり、命にかかわる情報を取得したりするのに欠かせない携帯電話も停電が長引けば、やがて使えなくなるでしょう。暑さや寒さをしのぐためのエアコンも使えなければ、電子レンジや電気ポットが使えなければ簡単な食事をとるのにも困ります。

そんなとき、もしも蓄電池があれば自家発電ができるので、ライフラインを電力会社だけに頼らなくても済むのです。小さなお子さんのいらっしゃる家庭なら、停電時でもＩＨコンロが使えてあたたかいミルクを飲ませることができるのは、心強いことでしょう。

停電時にいつもの生活ができるのは、蓄電池があればこそです。

さらに、蓄電池を活用することで、家庭全体のエネルギー管理も効率化できます。

同様に、スマートフォンで蓄電池の充電状況や使用量を簡単に管理できるシステムも普及しており、電力の使い過ぎを防ぐことができます。スマート管理により、家族のライフスタイルや電力消費のパターンに応じて最適な電力ができるため、無駄を減らし、エコで快適な生活をサポートします。

7　テスラ社の蓄電池「パワーウォール」をおすすめする理由

安くて高性能をかなえられる蓄電池は

「安くて高性能」をかなえられる蓄電池は、今のところテスラ社のものしか見当たらない、と前章でお伝えしました。

蓄電池の進化の歴史は割と浅く、数年前にテスラ社の蓄電池「パワーウォール」が登場する以前は、日本製とはいえ容量も少なく、決して優れているとはいえないものも数多くありました。意外かもしれませんが、蓄電池は多くのメーカーから販売されています。

そのなかで私がパワーウォールをおすすめする理由は、電気をためるのも使うのも業界トップクラスだから。つまり、圧倒的に性能がいいということです。

テスラ社の蓄電池「パワーウォール」はこんなにすごい！

テスラ社の蓄電池、パワーウォールの仕組みはとてもシンプルです。

日中は太陽光で発電した電気を家庭へ供給しつつ、パワーウォールを充電します。夜はパワーウォールに蓄電した電気を家庭に供給します。

パワーウォールがほかの蓄電池と異なるのは、その容量の大きさです。パワーウォールは1台あたり13・5キロワットの蓄電容量があります。

これがどのくらい大きな容量なのかを、一般的な家庭にある電化製品でご説明します。

各製品のカタログにあるような平均的な値でおおまかに試算したもので、停電時に使用できる電化製品は仕様や利用状況によって異なるものとご理解ください。さらに、連続して使うことのできる機器は5キロワット以内とします。

・冷蔵庫……1日当たり24時間
・エアコン……1日当たり6時間
・スマートフォン……1日当たり2台
・照明……1日7時間
・テレビ……1日5時間
・炊飯器……1日1回
・電気ポット……1日2回
・IHクッキングヒーター……1日2回

たとえば、上記のような条件ですべてをこれだけ使ったとしても、約6・5キロワットしか電気は消費しません。パワーウォールにためておくことができる電気の容量の13・5キロワットですから、いかにパワーウォールが大容量の蓄電池であるかおわかりいただけるのではないでしょうか。

パワーウォールは停電を検知すると、自動的にパワーウォールからの電気の供給へと切り替わります。たとえ停電になっても、パワーウォールをバックアップ電源としていつもの生活が継続できるのであれば安心できると思いませんか？

スマートフォンと連動させれば蓄電状況のチェックが可能に

私自身もパワーウォールを実際に使っていますが、先ほどご紹介したことのほかにも気に入っている点は数えきれないほどあります。

細かいところでは、車への充電が簡単なところにも便利さを感じています。帰宅後はスマートフォンを充電するときのように、プラグを差し込むだけでＯＫ。寝ている間にフル充電ができます。

コンパクトでシンプルなデザインも魅力の１つです。パワーウォールのサイズは、縦１１５０ミリメートル×横幅７５３ミリメートル×奥行１４７ミリメートルと非常にコンパクト。一般的なエアコンの室外機よりも薄くて小さいくらいのサイズ感と白を基調としたスッキリとしたデザインで、「これがそんなに大容量の蓄電池なの？」と驚く人も多いようです。

ほかにも、ご自身のスマートフォンと連動させておくことが可能です。パワーウォールの蓄電状況や電気の流れ、各種通知なども確認することができるというスマートさもあります。

私自身も「Teslaアプリ」をインストールしているので、自宅の電気の発電と利用の状況を包括的にどこからでもチェックすることができています。今この瞬間の電力消費量をモニターしたり、エネルギーの流れをリアルタイムで知ることができたりします。

そうやって電気を「見える化」するということは、ダイレクトに節電につながることも実感しました。「この時間帯はこのくらいの電気を使うことになるんだな」「この家電とこの家電を使うとこのくらいの電力がかかるのだな」というように自分たちの使う電気を数字で可視化すると、節電への意識も自然と高まるようになります。

このように、メリットはたくさんあっても、デメリットがなかなかみつからないのがパワーウォールのすごいところといえるかもしれません。パワーウォールのすごいところは、停電時のバックアップ機能と高いエネルギー効率にあります。電気料金が高騰する中、太陽光発電と連携することで、夜間の電力使用もカバー。スマートフォンで電力の使用状況をリアルタイムに確認できるため、節電意識も自然と向上します。さらに、コンパクトでシンプルなデザインが、インテリアにもなじみやすく、家族全員が安心して使える頼もしい蓄電池システムです。

〔パワーウオール〕

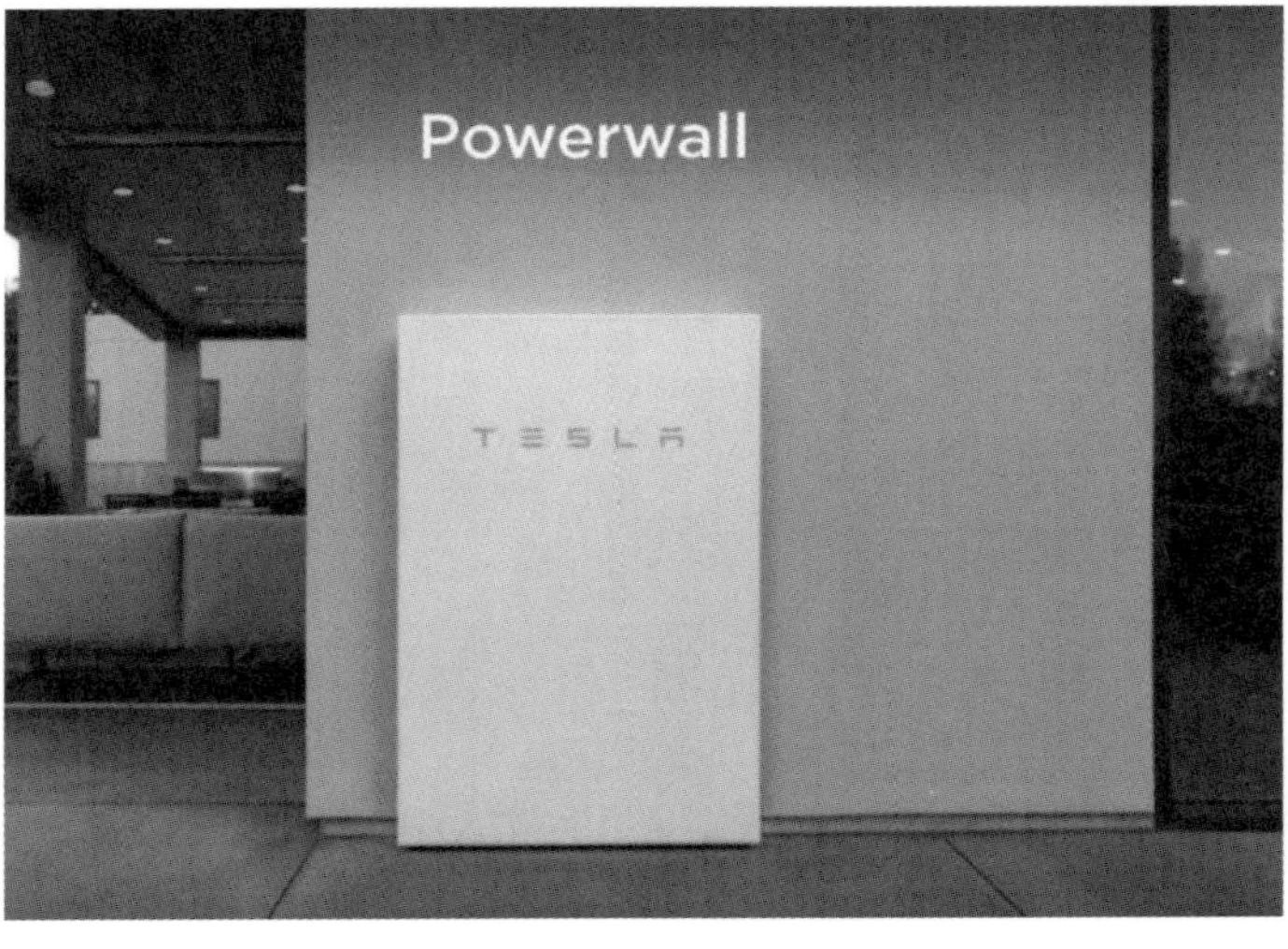

8　蓄電池は家の北側に設置するのがベスト

蓄電池のふさわしい設置場所は

太陽光パネルの設置については、適切な方角として南向きをおすすめしましたが、じつは蓄電池にもふさわしい設置場所があります。それは、家の北側です。

故障や性能低下を防ぎ、余分な電気代を抑える

一般的に、蓄電池は直射日光が当たらない家の北側が推奨されています。その理由は故障や性能低下を防ぐためです。

仮に、直射日光が当たる場所や温度が高くなる場所に蓄電池を設置すると、蓄電池の内側では本体を冷やそうと作動します。すると、その分の電力が必要になるので、電気代がかさむことにもなります。

塩害にも注意が必要だといわれています。海岸に近い地域では、建築物や植物などさまざまなものに対し、塩分によるダメージが発生することが知られています。蓄電池も塩害を受けることは避けたいので、海沿いで家づくりを考える際には設置するスペースについてハウスメー

カーとの相談が必要になります。

ちなみに、蓄電池は毎日スイッチをオン・オフしたり、チェックしたりする必要がないので、生活導線上の便利な場所に設置する必要はありません。テスラ社の蓄電池は、エアコンの室外機より薄くて小さいイメージのサイズ感なので、物理的にもジャマにならないうえに見た目もスッキリしています。

商品の性能によっては、曇りや雨でも発電する

ほかにも、太陽光パネルや蓄電池など太陽光発電に共通していえる質問でよくあるのは、「天候のリスクは大丈夫ですか？」というものです。

「曇りの日が多い場合はどうなるの？」「梅雨の時期は発電しないの？」といった、晴れて太陽の光が十分に太陽光パネルに当たり、発電した電力が蓄電池にしっかりたまるような状況ではないケースについての不安です。

これに関しては、「天候のリスクはゼロではありません」と正直にお答えしています。実際、晴れている日と雨の日での発電量には差があるからです。

ただ、曇りの日や雨の日でも発電量がまったくないわけではありません。その鍵を握るのは、やはり太陽光パネルの性能の高さにあるのです。私たちが扱っているマキシオンの太陽光パネ

ルなら、曇りや雨の日でも太陽光発電は可能です。

ちなみに、日照時間が短い秋と冬より、長く太陽の光が当たる春と夏のほうが発電量は多くなるといわれています。

9 結局のところ、太陽光発電にかかるコストはどのくらい？

お金をかけずに太陽光発電をはじめられる方法もある

家づくりをする際、太陽光発電を導入するならどのくらいコストがかかるのかは、誰もが知っておきたいところでしょう。

もちろんメーカーや設置状況などにもよって変わります。ですが、前章でお伝えしたとおり、経済産業省が発表している、家庭用の太陽光発電に必要なシステム費用として（太陽光パネル、パワーコンディショナー、設置架台、配線などその他の設備、設置工事費）の平均値は1キロワットあたり28・8万円とされています。

そこにテスラ社の蓄電池「パワーウォール」が１４０万円強、さらに工事費用がかかるイメージです。

こう聞くと、「なかなかお金がかかりそうだな」と思いますか？　ところが、実際はそれほどお金をかけずに太陽光発電をはじめられる方法もあるのです。

住宅ローンの限度額や金利に融通きかせる銀行が増えている

最近は、太陽光発電などの省エネ設備を取りつける住宅向けとして、金利を優遇する住宅ローンをもうける自治体も増えています。これにより、下がった金利のトータルを計算すると、太陽光パネルや蓄電池を購入できるくらいの金額になるケースもあります。

私自身の経験では、お客さまが家を建てるときの銀行の融資には限度額がありますが、太陽光発電を希望すること伝えると、限度額を超えて融資してくれる場合があるということを経験しています。

その理由は、効率のいい太陽光発電をして毎月の電気代をまかなえることが無理のない住宅ローンの返済につながっていることを、銀行側も理解しているからです。

反対に、たとえば太陽光発電のない家を建てて、毎月10万円を返済する住宅ローンを組んだとします。そこに毎月万単位で電気代がプラスされることで、家計が苦しくなって返済が滞るとしたら、銀行にとっても不利益となります。

コロナ禍の影響もあって、住宅ローンを返せない人が増えている現状、銀行側も「太陽光パネルや蓄電池をつけるなら融資の限度額を増やすし、金利も優遇しますよ」という流れになってきている印象です。

家づくりの際に太陽光発電を導入するなら今のタイミングは追風が吹いている、というのが最近の潮流です。

太陽光発電のメンテナンスは家電の買い替えとほぼ同じ

太陽光発電を導入した家でのメンテナンス費用はどのくらいでしょうか。私のところで家を建てた場合、採用するマキシオン社の太陽光パネルは40年保証があるため、その期間のメンテナンス費用は0円です。

また、台風や落雷による破損は、火災保険で対応可能です。

次にパワーコンディショナーですが、約15年ごとに交換が必要で、1台につき10～15万円かかります。

太陽光パネル10キロワット以上で2台、15キロワットなら約3台が必要です。

蓄電池（テスラ社）は15～20年に1回交換が必要で、将来的に価格は40～50万円に下がると予想されます。

これらを考えると、太陽光発電のメンテナンス費用は一般の家電と大差ないと言えます。

第4章　自然災害に強い暮らしを実現する

1 「長持ちする家」を建てる

起こる災害にできるだけ準備する

「災害大国」といわれる日本は、地震や台風をはじめ、豪雨や土砂災害など自然による災害が発生しやすい国といわれています。内閣府の発表によれば、世界全体に占める日本の災害発生割合は、マグニチュード6以上の地震回数は20・5％、災害被害額11・9％と、世界の0・25％しかない狭い国土面積に対し、非常に高くなっていることがわかります。

これから家づくりをするなら、「災害に強い家を建てる」ということも大切な要素になるのはたしかでしょう。自然災害を未然に防ぐことは難しくても、起こる災害に対してできる限り準備しておくことがその後の生活を大きく左右することもあるからです。

機能的かつ経済的な家づくりを目指す

災害対策はもちろん、「長持ちする家」をつくりたいというのは私の願いでもあります。これは仕事をするにあたっての私の信念ともいえるものですが、私はお客さまに豊かで安心な暮らしを送っていただくことを第一に考え、そのときだけでなく一生のお付き合いを心がけています。

長く住んでいただく家だからこそ、デザインのよさだけでなく、機能的にも経済的にも暮らしやすくなるような家づくりのご提案をしています。

耐震実験をクリアした安全なダブル地震対策の家

２０２４年1月1日に起こった能登半島地震では、多くの方が被災し、多くの家屋が倒壊し、避難を余儀なくされていました。痛ましいニュースを見ながら、家づくりにおける安全性や耐震性の高さを追求する気持ちがさらに沸き起こってきたことはいうまでもありません。

ところで、私たちのつくっている家の工法に「ダブル地震対策」と呼んでいるものがあります。ダブル地震対策とは、家が壊れないよう頑丈につくる耐震工法と揺れない減震ブレーキ工法、この2つを組み合わせて使用したハイブリッド工法のことをいいます。

この地震対策に基づいてつくった構造体が、どれだけ地震への耐性があるかを確かめるための実験がかつておこなわれました。２００５年に茨城県つくば市の文部科学省防災科学研究所でおこなわれた耐震実験です。その実験では、実際の地震で想定されるさまざまな揺れを、方向を変えて合計８回にわたってためしました。

その結果、壁紙の一部にわずかな亀裂が見られるくらいで、安全が確認できたといいます。

重要な構造部においては何も異常が見られず、ダブル地震対策が地震に強い安全な工法であることが実証されました。

このように、地震対策1つとっても「長持ちする家」をつくることを目指しています。まずは賃貸住宅を借り、その後何年かしたら土地を探して家を建てるでしょう。さらにその後に家族構成に変化があればリフォームや相続のご相談に乗り、老後のための不動産経営のコンサルまでさせていただく——そんなふうに長いスパンで一生を通してお付き合いできるようなハウスメーカーを選び、できるだけ「長持ちする家」に住んでいただきたいと思っています。

2　停電に強い家に住む

停電に強い家づくり

自然災害に強い家づくりと聞いて、多くの人が真っ先に思い浮かぶことの1つに「停電に強い」ということがあるのではないでしょうか。

停電が私たちの暮らしに大きなダメージを及ぼすことは、これまでさまざまな災害を通じて私たちが学んだことでもあります。

2018年の北海道胆振東部を襲った最大震度7の地震では、北海道全域に及ぶ大規模停電、ブラックアウトが生じました。最大約２９５万戸の停電は、その約30時間後になってようやく北海道全体の5割が解消しましたが、すべての地域が停電から解放されたのは地震発生から60時間以上経過した後でした。

２０１９年の台風15号では、関東地方に最大93万件の停電が起こりました。とくに千葉県では送配電設備の被害によって、２週間以上も復旧作業に時間がかかったというニュースがありました。

このように、数分や数十分といった単位ではなく、何日、何週間といった長引く停電下では、避難用のリュックのなかに用意している容量の小さいバッテリーだけでは限界があるはずです。普段と同じ生活を継続していかれるだけの電力の必要性を切実に感じることでしょう。

災害対策の一環として停電に強い家づくりをする

停電は、照明がダウンして家中が暗くなるだけではありません。

今の時代、停電が長引くことでもっとも困るのはスマートフォンが使えなくなることではないでしょうか。大切な人と連絡を取り合ったり、いち早く正確な情報収集をしたりするためのスマートフォンも停電が長引き、充電ができなければ、やがて使用不可能になります。

停電が続くと困るのは家電も同じことです。たとえば冷蔵庫の保冷時間は約３時間といわれていますから、停電で電源がダウンしてしまえば、とくに夏場などは数時間後には冷蔵庫のなかに入っている食べ物が悪くなりはじめてしまうでしょう。

もはやいうまでもないことですが、今や私たちの暮らしに電気はなくてはならないもの。停電が私たちに与える影響は想像以上に大きいのです。

そこで重要なのが、「停電に備える」ということです。災害や停電はいつ起こるか予測不可能なので、普段から備えておくことが大切です。それには防災グッズなども効果的ですが、私がおすすめしているのは「家づくりの段階から停電に備えておく」ということです。

3　長時間の停電でも電気が使える家なら安心

停電時でも自家発電できる家づくり

高性能な太陽光パネルや蓄電池を備えた太陽光発電のある家は、停電時でも自家発電が可能です。たとえば、大きな災害が起き、復旧までに時間がかかったとしても安心できます。昼間は太陽光発電によって電力をまかない、夜は蓄電池から電気を供給できるため、1日を通じて安定した電力供給が確保できるからです。災害時でも、いつも通りの生活を維持しやすい点が大きなメリットといえます。

また、夜間でも明るさを守るために、暗闇の中で不安を感じることもなく、家族の安全を守れます。電気料金の明細を見れば、１日の消費量がわかるので、電力の使い方にも意識が向くでしょう。

容量の大きいテスラ社の蓄電池で停電に備える

マキシオンの太陽光パネルは住宅用で最高出力が４００ワットもあり、電力への変換効率も世界最高クラスを誇るといわれています。テスラ社の蓄電池のパワーウォールは13・5キロワットと大容量なので、停電時でも安心です。

具体的に、「どう安心なのか？」をご説明しましょう。

前章でも軽く触れましたが、蓄電池には特定の場所のみで電気が使える「特定負荷型」と、家中の電気を使える「全負荷型」があります。パワーウォールは全負荷型。しかも、蓄電池の容量が大きいため、エアコンやＩＨ調理器などが使用でき、普段と変わらない暮らしができます。私の経験上では、一般的な４人家族で平均的な電気の消費量の生活なら、パワーウォールを１台フル充電した状態で１～２日間は暮らせる印象があります。

ちなみに、もしも「自分の家は今、どのくらい１日で電気を使っているのだろう？」と疑問に思ったら、電気料金の明細をチェックすると目安になるでしょう。

いずれにしても、これなら暗闇のなかで予備のバッテリーの残量を気にしながら不安になることも防げそうですよね。

蓄電池を複数台設置するという選択肢もある

「蓄電池を長引く停電時に十分耐えられるバッテリーとして準備しておきたい」などと、より積極的に考えるなら、パワーウォールを複数台設置するという方法もあります。

パワーウォールは、最大10台まで連結して設置することができます。縦1150ミリメートル×横幅753ミリメートル×奥行147ミリメートルというコンパクトなサイズの蓄電池でもあるパワーウォールは、縦につなげて置く場合は最大3台まで、横に置く場合は最大10台までそれぞれ並べられます。

1台につき13・5キロワットの蓄電量なので、10台置くと、135キロワットという大量の電力を貯めることができます。二世帯住宅で2台設置しているなら、それをつなげて使うことも可能です。

もちろん、非常時よりも日常的な生活のほうがベースになるわけですから、普段の電気使用量とあわせて「本当に複数台の蓄電池が必要か？」を検討することが望ましいでしょう。

たとえば、日ごろから「発電量は多いけれど、使う電力は少ない」という場合、複数台を設置しなくても、自分たちが使う分の電力をまかなえているはずです。そして、余った電力は売ればいいと思います。

一方、「発電量も多く、使う電力も多い」という場合、複数台の蓄電池を設置しても自分たちで十分に使うことができたうえで、なお余った電力を売るほうにまわせるならその選択肢もありではないでしょうか。

家づくりを考えるとき、まずはこれまで自分たちがどのくらい電気を使っているかを確認し、これからの家族構成やライフスタイルなどと照らし合わせながら検討するといいでしょう。

4　実際に体験した停電の「その後」

蓄電池のある家づくり

これは私自身の体験した話なのですが、暑い夏の夜に私の住んでいる地域が停電したことがありました。

突然のことだったので私自身はもちろん、家族全員が一瞬「あれっ、どうしたんだろう?」と動揺しました。それまで明るかった部屋が、いきなり真っ暗になると焦るものです。

最悪の場合、人によっては慌ててブレーカーを上げに行こうとして移動中に転倒したり、家具にぶつかってケガをしたり、インテリアや食器を壊したり……ということもあって当然です。

ところが、我が家の場合、「あれっ?」と思ったのはほんの一瞬にすぎず、わずか5～6秒もしないうちに停電前と同じように部屋が明るくなり、元通りの状態に復旧したのです。

「今のはなんだったの?」と呆然とする妻や子どもたちを目の当たりにして、私は「やっぱり蓄電池にしておいてよかったな」と家族を不安にさせずに済んだことを誇らしく感じたものです。

家族を守るために蓄電池を導入する、という家づくりの選択はこれからの時代、ますます必要になると確信した出来事でした。

停電が発生したことすら気づかないほど瞬時に復旧

ところで、まわりの家と比べ、なぜ私の家だけが停電からいち早く復旧したのでしょうか。

じつは、その理由はテスラ社の蓄電池、パワーウォールの性能にあります。

パワーウォールは、停電が起こると瞬時にバックアップ機能が作動するため、自動的に家の電気が復旧する仕組みになっています。この「瞬時」というのが、私が実際に感じた5～6秒ということになるのだと思います。

ただ、この「5～6秒」という時間はあくまでも私や私の家族が感じた時間であって、タイマーを使って計測したわけではありません。ですから、実際はもう少し短い時間しかかからずに復旧していたのかもしれません。テスラ社のホームページによると「停電が発生したことにも、気づかないこともあるかもしれません」と記されています。

とにかく、ほかの蓄電池に比べても非常時のバックアップへの切り替えがスピーディーであることは確かでしょう。

5 「災害モード」のある蓄電池を選ぶ

スマホと連動させる使い方

停電のときにテスラ社の蓄電池、パワーウォールが頼りになった経験をお話ししましたが、自分のスマートフォンと連動させておくとさらに便利な使い方ができます。

連動のさせ方は簡単です。スマートフォンから「Tesla」というアプリをインストールしてログインするだけです。

災害が近づくことを予測して残量を100%に準備するモードも完備

テスラのアプリでできることとして、蓄電池にたまっている電力の残量が可視化できる、というものがあります。具体的には次の4つです。

①電気の流れ……「今、どのくらい発電しているか？」という発電量や「今、どのくらい使っているか？」という電気使用量、「どのくらいの売電量と買電量か？」という売買の電気量などをリアルタイムに確認することができます。さらに、過去のデータも見ることもできます。

②パフォーマンス……その日の電気使用量について、「どのくらいが太陽光発電によるもので、どのくらいが蓄電池でまかなえた分なのか」を見ることができます。

③バックアップ履歴……バックアップすることがあれば、その履歴を確認できます。

④カスタマイズ……「自家消費モード」「バックアップモード」などのモードの選択や、ストームウォッチという機能の選択ができます。

ストームウォッチとは、台風などの気象災害を察知することで、自動で蓄電池の残量を100％まで充電してくれる災害対策用のモードのことをいいます。バックアップのための充電率の設定値の割合を増やせば、より多くの電力をためて備えておくことができる便利な機能です。

ちなみに、停電の状態が5分以上続くと、テスラのアプリを通じてパワーウォールから電力が供給されていることを知らせる通知が届きます。そこではじめて「あ、やっぱり停電だったんだな」とわかることもあるでしょう。停電が復旧すると、再度その旨の通知も届きます。

このように、蓄電池は単に「電力をためるもの」ではなく、「災害時に頼りになるもの」へと進化しています。これから導入するなら、ぜひ覚えておいていただきたい情報の1つです。

6　太陽光でお湯を沸かすソーラーエコキュートのメリット

エコキュートのことを知っていますか

これからの時代、自然災害に強く、かつお得に暮らすなら家庭で使うエネルギーをすべて自分たちでつくる電気でまかなうことが基本です。

照明に使う電気だけでなく、お湯を沸かすときはエコキュート、お料理をするときはＩＨクッキングヒーターをそれぞれ活用することになります。つまり、ガスを使うかわりに電気にシフトするということです。

ところで、ガスレンジとＩＨクッキングヒーターの違いはなんとなく感覚的に理解していても、ガス給湯器とエコキュートという「お湯が出る仕組み」についてはよくわかっていない、という人も少なくありません。ここで簡単におさらいしましょう。

エコな時間帯に空気の熱を利用してお湯をつくるエコキュート

結論からお伝えすると、使いたいときにガスを燃やしてお湯をわかす「瞬間式」のガス給湯器に比べ、あらかじめ空気の熱から電気を利用してつくるお湯をためておき、使いたいときにそこから使う「貯湯式」がエコキュートです。

エコキュートの「エコ」とは、エコな時間帯に、空気の熱を利用してお湯をつくっておくことが由来しているといいます。エコな時間帯とは、昼間と比べて安いと深夜の時間帯のことです。

具体的には、ヒートポンプユニットといわれる部分で空気を集め、その熱を冷媒と呼ばれる熱を伝えるための気体が運びます。冷媒が熱を運ぶときに熱交換されることで水をあたためてお湯をわかす、ということが行われています。

先ほど、エコキュートは「昼間と比べて安いと深夜の時間帯」にお湯をつくるとお伝えしましたが、ここ数年で給湯システムのプログラムが変更されたことは知っておいて損はない情報でしょう。

給湯時間帯は「夜間から昼間へ」と変化している

はじめにお伝えしたように、もともとエコキュートは深夜の時間帯にお湯をわかすプログラムとしてスタートしました。

ところが、数年前からの戦争や円安の影響もあって、かつては安く抑えられていた深夜の時間帯の電気代までもが高騰してきたという背景があります。すると、「夜にお湯をわかすのが高くなったのであれば、太陽光発電の電気を使って昼間にお湯をわかそう」という流れが出てくるのは自然でしょう。

実際、気温の低い夜間に比べ、気温の高い日中にお湯をわかしたほうが、かかる時間は短くて済みます。今まで優遇されていた深夜電力が安くなくなった今、いろいろな意味で昼間にお湯をわかすほうがお得になっているのです。

よく私は、「ケトルでお湯をわかすことをイメージしてください」と話しています。

夜にケトルいっぱいのお湯をわかすと、わくまでの時間が昼間に比べてかかります。そして、そのお湯をすべて使いきらない場合、せっかくケトルいっぱいにわかしたお湯も朝になればすっかり冷めてしまいます。そこでお湯を使おうともう一度わかすことで、さらに電気代がかかってしまうことにもなりかねません。一方、外気温の高い昼は、ケトルいっぱいのお湯をわかしても夜ほど光熱費はかかりません。そして、夕方から夜にそのお湯を使えば保温時間も短くて済みます。

おひさまエコキュートは、夜から昼へと進化し続けています。

保温時間が短縮できれば電気代も抑えられる

保温時間が短いことがなぜお得なのかは、具体的な生活サイクルに落とし込んでみると一目瞭然です。

たとえば、家族がいて職場や学校などからそれぞれ帰宅した後、18時頃に食事やお風呂など集中的にお湯を使うとします。

その場合、深夜の時間帯である24時にわかしたお湯を使うとなると、保温時間は18時間必要です。ところが、昼間の12時にお湯をわかせば、保温時間は6時間です。ということは、単純に考えても保温するためのエネルギー量は3分の1で済む、ということになるでしょう。

これまでのエコキュートのプログラムでは、昼間にお湯をわかすことが難しいものもありました。ですが、これからの時代は昼間にお湯をわかすことが標準装備になるでしょう。

事実、私たちがつくっている家で扱うソーラーエコキュートは、昼間の太陽光発電を中心としたものにシフトしています。

これまで以上に「昼間に太陽光発電をして、ためた電力を自家消費する」というスタイルが定番になるはずです。

さらに、昼間にわかしたお湯を家族が集まる時間に合わせて効率的に使うことで、エネルギーを無駄なく活用し、経済的な効果も一層大切になります。

第5章　クリーンエネルギーで快適に暮らす

1　「SDGs に貢献する家に住む」をかなえる

地球や環境に優しい家に住むことの意味

本書を手に取ってくださったあなたは、「失敗しない家づくり」や「お得に住む家づくり」ということについて、強い興味や関心がおありだったのではないでしょうか。

もちろん、それは誰にとっても大事なことです。そこに加えて、これからの時代は「地球や環境を意識した家づくり」が外せないキーワードになってくるはずです。「自分だけがよければいい」「自分だけが得をすればいい」という考え方は、私自身の信念にも反すること。自分と自分の大切な人、そして同じ場所に住む地域の人たちやそのまわりの人たちがみんな豊かに暮らすことが大切で、そのためにはまずは自分の家が地球や環境に優しい家に住むことが欠かせないと思うのです。

この章では、地球や環境に優しい家に住むということの意味や、そのメリットについて詳しくお話ししていきます。

また、家づくり、地域社会への貢献や次世代への責任も感じることができるでしょう。それは、より豊かな暮らしを手に入れるための大切なスタートです。

太陽光発電は地球温暖化に歯止めをかける一助になる

これまではガスやガソリンに頼って生活していくことが当たり前でしたが、これからは自然のエネルギーを活用して自給自足の家に住んで暮らしていくことが主流になるのではないでしょうか。

自然のエネルギーは、クリーンエネルギーと言い換えてもいいでしょう。クリーンエネルギーとは、CO_2など温室効果ガスを出さない、あるいは出したとしてもその量をセーブしたエネルギーのことをいいます。

太陽光発電のほかにも、水力発電や風力発電、地熱発電やバイオマス発電などいずれも自然由来のクリーンエネルギーによる発電の方法があります。

ガスやガソリンといったエネルギーとは異なり、自然由来のエネルギーは自然界に存在する資源を使うので、それがある限り使用し続けることが可能だと考えられています。加えて、エネルギーを生み出すプロセスでCO_2を出すことがないため、あるいは少ないため、地球温暖化の一助にもなっているといえるでしょう。

クリーンエネルギーを活用することで「国レベルの自給自足」を目指す

私が本書を通じて知ってほしいのは、クリーンエネルギーのなかでも太陽をエネルギー源とする太陽光発電です。これまでお伝えしているとおり、太陽光発電は太陽の光のエネルギーを電力に変える発電方法です。太陽光発電は、自分の家の屋根などを活用してできるだけでなく、蓄電池と合わせることで災害にも強いので、日本だけでなく世界でも普及しています。

経済産業省が発表しているデータ（２０１９年）によれば、日本は国内でつくることができる国産のエネルギーの自給率が世界第35位、たったの12・１％と非常に低い水準です。

もしも今後、太陽光発電が広く普及すれば、輸入に頼り過ぎることなく、国産のエネルギーをもっと増やすことができるはずです。

「自分の家で使う電力」という枠を破って、「日本で使う電力」という大きなスケールで自給自足を考えると、災害大国である日本において「万が一」の場合に備えて使用できるエネルギーを持っておくことは私たちの大きな安心につながるのではないでしょうか。

2　脱炭素社会の実現に向けた「ＺＥＨ」を超える家づくりをする

ＺＥＨとは

地球に優しい暮らしを家づくりでかなえるためには、国がおこなっている今どきの家づくりへの取り組みを知っておく必要があるでしょう。

たとえば、その1つがＺＥＨ（ゼッチ）です。

ＺＥＨとは、Net Zero Energy House の略でゼッチと呼ばれ、脱炭素社会の実現に向けた住宅のことをいいます。

じつは、すでに政府は「２０２５年までにハウスメーカー等の建築する注文戸建住宅の過半数でＺＥＨを実現すること」を目標に掲げ、普及させるような取り組みをしています。

では、ＺＥＨとは具体的にどんな家のことで、どんなメリットなどがあるのでしょうか。

「省エネ＋創エネ」で、使うエネルギーをゼロにする

ＺＥＨと聞くと「なんだか難しそう」と思うかもしれません。ですが、考え方はシンプルで今どきです。

要は、生活に必要なエネルギーを「省エネ」で減らし、「創エネ」でつくって、ゼロにする家、ということです。毎日の暮らしで使うエネルギーを一次エネルギーといいますが、ＺＥＨの考え方は「一次エネルギー－省エネ－創エネ＝０」という考え方を指します。

この場合の省エネとは、高断熱の壁や窓、ＬＥＤや高性能の換気システムなどのアイテムを活用して、そもそも必要になるエネルギーを減らすことで、創エネとは、太陽光発電などで

自分たちが使う分のエネルギーをつくり出すことだと考えていいでしょう。

ZEHで「毎月の電気代を減らす」「快適に暮らす」

ZEHを実現した家の大きなメリットは2つあります。

1つは、もうおわかりのとおり「毎月の電気代を減らせる」という点です。これは次の章で詳しく説明しますが、高断熱をはじめとする高機能の家づくりをすることは、ダイレクトに電気代に反映します。

太陽光発電でつくった電力を自分の家で使うことで、ランニングコストも減らすことができます。さらに余った電力は売電することができるので、収入も得られることになります。

ZEHを実現した家の大きなメリットには「快適に暮らせる」という点もあります。快適に暮らすということは、漠然としているようでじつはとても重要なことです。

たとえば、ここ数年の日本の猛暑はひどく、家にいても熱中症で命を落とす人もいるほどです。一方で冬場は、部屋とバスルームの温度差が激しくヒートショックのリスクもあります。こうしたことを軽減するためにも、部屋ごとの温度差が少ないことは大切です。夏は家中どこにいても涼しく、冬はあたたかくいられるのは、快適に暮らすことの大事な条件ではないでしょうか。

ZEH の家づくりのデメリットは？

もしもZEHの家にデメリットがあるとするならば、地域差があることと初期費用がかかることでしょうか。

たとえば太陽光発電の場合で考えるなら、よく晴れて日照時間の長い地域のほうがそうでない地域に比べると創エネをたくさんできることになります。

また、太陽光発電のところでもお伝えしましたが、太陽光パネルや蓄電池の設置には費用がかかるのは事実。そのほか省エネに貢献するアイテムを使うときにも同じことがいえます。

ただし、ZEHの家づくりに対しては、国土交通省、環境省、経済産業省の連携による補助金制度があります。もちろん補助金を受け取るためには、「戸建て専用住宅であること」「登録されたZEHビルダーかZEHプランナーが設計、建築または販売をおこなうこと」などさまざまな条件をクリアしなければなりません。

ですが、補助金を活用すれば初期費用の負担は軽減できることは間違いありません。補助金を受け取るための詳しい方法については、ハウスメーカーの営業マンに相談してみることをおすすめします。

また、各地域や条件に応じた支援制度も整備が進んでおり、ZEHの普及は今後さらに加速することが期待されています。

ZEHのさらなる上をゆく豊かに暮らせる家をつくる

ここまでが一般的なZEHについての話です。「一般的な」と前置きしたのは、私たちの会社ではZEHのさらに上をゆく家づくりに取り組んでいるからです。

というのも、はじめにもお伝えしたとおりZEHは「生活に必要なエネルギーをゼロにする」ということが基本的な考え方でした。ゼロが基準だということです。

ですが、私たちが目指しているのは、ゼロよりもっと豊かさをもたらすような、一生満足して住めるような自給自足の家づくりです。

たとえば今、毎月かかっている光熱費が3万円だとして、ZEHの家で3万円分を創エネすればゼロになります。ですが、それだけでは豊かになったとはいえません。自分たちで使う分の電気をまかなえるのは当然ですが、車のガソリン代もかからなくなり、あまった電力を売って収入を得たりしてはじめて一生満足して住めるような自給自足の家づくりができるのではないでしょうか。

さらにいえば、もしもそんな家づくりをするために初期費用がかかったとしても、その後に生み出すエネルギーの多さによって「元がとれる」状態になることを目指す家づくりを考えています。

国の政策だから家を建てるのではなく、住む人の目線で考えた家を建てたい。そんな思いで家づくりと向き合っているのです。

3　自給自足の家づくりでガソリン代をゼロにする

蓄電池にたまっている電力を生かすガソリン代ゼロを実現

「使う電気」より「つくる電気」が多くなる家を建てて、豊かな暮らしを手に入れる――このことが実現すると、車を持っていた人は今まで家計を逼迫していたガソリン代もかからなくなります。

太陽光発電でつくられる大量の電力は蓄電池にたまり、まずは自家消費電力にしっかり使い、あまった分を売電します。自家消費電力の内訳を具体的に考えてみると、エアコンや電子レンジ、照明といった、家のなかにある電気を使うすべてのものです。

さらに、ここでポイントになるのは今乗っている車をガソリン車からＥＶ車に乗り換えるということです。蓄電池にたまっている電力を活かすことで、ガソリン代をゼロにできるのです。

ガソリン車はなくなり、ＥＶ車が主流になる時代はすぐそこ

そもそも、これからの時代「ガソリン車に乗る」ということ自体が豊かな暮らしをサポート

する選択肢にはなくなるのではないでしょうか。

ガソリン代は高騰するばかりで、今のところ下がる見込みはなさそうです。大手自動車メーカーがこぞってEV車の開発や販売に注力しているというニュースも後を絶ちません。

さらに、国が目標としている「2050年までに、脱炭素社会を実現して温室効果ガスの排出量をゼロにしましょう」というカーボンニュートラルの取り組みがあります。そのために、2030年代にはガソリン車の新車販売が禁止されるといわれています。

ということは、それ以降に販売される車のエネルギーはガソリン以外のもの、つまり電気や水素を活用することになるはずです。そこで、大手自動車メーカーも一斉にEV車に注力しているのです。

もはや地球規模で温暖化防止を目標とし、世界でのEV車への投資額も2050年までに40兆円に達するとさえいわれている状況です。

50年で支払うガソリン代は1000万円を超える!?

ところで、「車に乗っている限り、ガソリン代はかかるもの」と思っていませんか? スマートフォンを使えば通話料がかかるように、車に乗ればガソリン代はかかるはず……という思い込みがあるなら、それは間違いです。どんな家に住むかによって、この先ずっとガソリン代を払わずに暮らしていくことは可能なのです。

たとえば、このまま太陽光発電のない家に50年間住んで車に乗り続けた場合、どのくらいのお金を支払うことになるのか想像したことがありますか？

仮に、ガソリン単価を1リットルあたり１６０円とし、値上がりは揮発油税1リットルあたり50円をのぞく部分を電気料金に準じて計算するものとします。ガソリン車の燃費は1リットルあたり15キロメートル、ＥＶ車の電費は1キロメートルあたり１５８ワットとします。

この場合、もしも現在かかっているガソリン代が毎月2万円だとしたら、10年後にＥＶ車に乗り換えたとしても、50年間で１２８０万円もガソリン代を支払う計算になります。あるいは、今かかっているガソリン代が毎月1・2万円だったとして、10年後にＥＶ車に乗り換えても、50年間では７６８万円のガソリン代を支払うことになります。

これが、太陽光発電のできる家づくりをしてＥＶ車に乗ることにするなら、これからガソリン代として支払う莫大な金額がゼロになるのです。

地球に優しいだけでなく、支払わなくていい大金があって、それをほかのことに使えるのだとしたら、太陽光発電のできる家づくりをしてＥＶ車に乗り換えるほうがこれからは断然お得だと断言できます。このように、太陽光発電とＥＶ車を組み合わせることで、家計にも大きなメリットが生まれるのです。

4　ＥＶ車と太陽光発電の組み合わせが最強な3つの理由

太陽光発電とＥＶ車は相性がいい

一生、ガソリン代のかからない暮らしをするなら、太陽光発電ができる家に住んで、ＥＶ車に乗ることが必須です。もちろん、太陽光パネルを屋根に乗せるだけでなく、蓄電池も設置することが前提です。

よく「太陽光発電とＥＶ車は相性がいい」といわれることがありますが、そのおもな理由は次の3つではないでしょうか。

理由その①「燃料費を抑えられる」

太陽光発電のできる家づくりをしてＥＶ車に乗るもっとも大きな意味は、前述したとおり、ガソリン代がゼロになることです。自分でつくった電力で車が走るようになれば、この先ずっと燃料費はかかりません。

そもそも、同じ距離を走るのにガソリンと電気では、電気のほうが燃料費としては格段に低く抑えられることを知っていますか？

もちろん、乗っている車の燃費やガソリン価格、売電価格にもよりますが、たとえば燃費が「リッター10キロ」のガソリン車で、ガソリン代は1リットルあたり１６０円として考えてみます。10キロメートル走行するのにかかるガソリン代は、エンジン始動時にかかるガソリンのことなどをのぞいて単純に考えれば１６０円でしょう。

一方、ＥＶ車における私たちの一般的な理解では、だいたい10キロメートル走るのにかかる電力は１・５キロワットということになっています。現在の1キロワットあたりの売電価格は16円なので、10キロメートル走行するのにかかる燃料費は「１・５キロワット×16円＝24円」という計算ができます。

同じ10キロメートル走行するのに、１６０円かかるガソリン車と24円しかかからないＥＶ車。

その差は歴然としていて驚くばかりでしょう。この事実を知っても、まだガソリン車に乗り続けようと思いますか？

理由その②「節電への意識が高まる」

これは、燃料費を抑えることと連動しているかもしれませんが、太陽光発電の家に住んでＥＶ車に乗りはじめると、自然に節電への意識が高まるものです。

第3章でもお伝えしたとおり、太陽光発電でテスラ社の蓄電池、パワーウォールを設置して専用アプリをダウンロードすると、お手持ちのスマートフォンから24時間リアルタイムで電気の使用状況や蓄電状況を日、週、月ごとに目で見て確認することができます。

この「目で見る」ということが節電に直結していることは、すでに実践されているお客さまはもちろん私自身の経験でも実感することです。「このくらい車に乗ると、このくらいの電気を使うんだな」という気づきが、「だったら曇りの日は歩こうかな」と節電を考えることにもつながるという話を聞いています。

今までなんとなく電気を使っていて、後から届いた請求額を見た段階ではじめて「今月はこんなに電気を使ったのか」と驚いているパターンだった人も、今自分たちが使っている電気がどのくらいなのかがわかると明らかに使い方が変わります。

たとえば、EV車の充電は出力次第ではあるものの、おおよそ夕方から充電をはじめれば翌朝にはフル充電できている、というイメージを持っていただいていいと思います。

ですが、もしそれほど頻繁に車に乗る必要がないのであれば、毎晩充電するのではなく、休日のどちらかの日の昼間の太陽光を活用して充電をする、という方法もおすすめです。わざわざ昼間にためておいた蓄電池の電気を夜に使うより、節電になるからです。

その反対に、毎日のように車に乗るようなライフスタイルの人でも、週に1～2回くらいは車を自宅に置いて、電車やバスなどの公共の交通機関を使い、そのタイミングに昼間充電するという節電方法もあります。

こんなふうに太陽光発電のできる家に住み、ＥＶ車に乗ると、自然と節電への意識が高まっていきます。それは本人や家族だけでなく、地球で暮らす多くの人にとってメリットをもたらすことではないでしょうか。

理由その③「簡単に充電できる」

蓄電池のある自給自足の家では、ＥＶ車への充電は自宅にいながら簡単にできます。

このことは、かつて災害時にガソリンスタンドに行列ができている映像をニュースで見た経験のある人なら誰でも心強いと思うのではないでしょうか。「いつでも自宅で充電ができて、どんなときでも車を動かせる」というのは太陽光発電＋EV車の組み合わせの大きな強みでしょう。

ガソリン車の弱みとして、これからますますガソリンスタンドが減っていくことも考えられます。

資源エネルギー庁によれば、全国の給油所の数は、この20年で４割以上減少したと発表しています。また、市町村内の給油所の数が３か所以下の自治体を「ＳＳ（サービスステーション）

過疎地」と定義していますが、２０２１年末の時点でＳＳ過疎地は全国で３４８市町村もあり、そのうち10の町村は１か所も給油所がないとしています。

ガソリンスタンドが減少している背景には、脱炭素社会の流れがあることはもちろん、ガソリンスタンドを経営する人の高齢化や後継者不足なども考えられるでしょう。

もしも、自宅からの距離が遠いところにしかガソリンスタンドがない場合、エンプティのサインが出るたびにいちいち数十分かけて給油しに行くのは時間と労力がもったいないのではないでしょうか。

「月に一度だから」と思っても、たとえば給油に往復で30分かかるとして、あと50年間ずっとガソリン車に乗り続けると考えると、３００時間も費やすことになります。だとしたら、３００時間分、大切な人と一緒に過ごしたり、好きなことをしたりするほうがずっと豊かな人生だと思いませんか？

ちなみに、ＥＶ車に充電する場合、コネクタに差し込むだけで完了します。スマートフォンと同じような感覚で簡単に充電ができるのです。

仕事でクタクタになっている帰り道にガソリンスタンドに立ち寄ったり、雨の日に傘をさして遠くまで移動したりしなくても、自宅のガレージで数分で充電できるのは、日常生活でストレスをためない小さなコツともいえるのではないでしょうか。

第6章　これから家を建てるなら標準装備にすべき6つのポイント

1　後からいろいろつけるより「標準装備」がお得な理由

これだけは押さえてほしい標準装備

失敗しない家づくりのコツとして知っておいていただきたいことは、ほかにもたくさんあります。

この章では、これまでお伝えしてきたことのほかに「これだけは押さえておいてほしい」と思う、失敗しない家づくりのポイントについてお伝えしていきます。

キーワードは「標準装備」です。

オプションの追加工事で予算オーバーにならないためにも標準装備を

家づくりを考えたときに、多くの人がまず考えるのは予算についてでしょう。「このくらいの予算で家を建てたい」という漠然とした予算を意識しておくことは基本中の基本です。

ただし、はじめに決めた予算から少し枠を出してしまうことになるからといって、諦めることはありません。むしろ、「何がなんでも予算内におさめよう」とこだわるあまり、結果的に損をしてしまうこともあります。

なぜなら、大切なのは「買うときにお金がかからない家」より「住んでみてお得な家」のほうが人生は豊かになるからです。

たとえば、家の本体価格は予算内におさまっていたとしても、営業マンと打ち合わせをするなかで「あれもいいな」「これもほしい」という具合に話が進み、気づけばオプションの追加工事がどんどん増えたり、トータルの支払金額がかさんでいったりすることはよくあります。だったら、はじめに決めた予算から多少はみ出してしまっていても、本当に必要なものが最初から標準装備でついてくる家のほうが断然お得です。もちろん、本体価格に標準装備が含まれていればそれがベストです。

そこで、ここからは、家を建てた後からつけるより、家づくりの段階でつけておいたほうが、住んでから「標準装備にしておいて本当によかった」と思えるポイントについてご紹介したいと思います。

2　一生、電気代とガソリン代がかからない「太陽光発電」

標準装備としておすすめ

本書のテーマでもある「太陽光発電のある家づくり」は、これから家を建てようと考えているすべての人におすすめしたい標準装備です。

太陽光発電が標準装備になっていないと、後から太陽光パネルを屋根のうえに乗せようと思っても、屋根の形や角度、向きや立地などから乗せられないケースもあります。家の内外の配線も家づくりの初期の段階から考慮できたほうが、見た目にもスッキリします。

なによりも、これからますます高騰する電気代は、1か月でも支払うお金をゼロ円にしたほうがお得です。EV車に乗るなら、ガソリン代までゼロ円になる太陽光発電を導入しない手はないでしょう。

毎月3万円の売電収入も夢ではない!

太陽光発電は、天候の変化や自然条件、電力会社の買取の出力制限などで収入が安定的ではないものの、長期的な目で見ると確実にお得です。電気代やEV車のガソリン代がゼロ円になるだけでなく、毎月の収入もアップします。

もちろん、ただ太陽光発電を導入するのではなく、発電量の大きい太陽光パネルを屋根のうえに乗せたり、容量の大きい蓄電池を設置したりすることが重要です。「使う電気」より「つくる電気」を多くすることがコツです。

実際に、太陽光発電を標準装備でつけた家に住んでいるお客さまの声には、次のようなことがあります。

『いちばんよかったなと思うのは太陽光発電からの売電収入ですね。ガレージの上のスペースに太陽光パネルを設置できる商品を選んだんですが、本当に大正解でした。世間の電気代が高騰している中で、毎月約３万円の売電収入があるのはかなり大きいんです。家の支払いはローンが終われば終わりですが、光熱費はずっとかかりますよね。将来的なことを考えるとやっぱり、間取りと同じくらい設備も重視したほうがいいんだなと身をもって感じました』（愛知県Ｓ様／チタコーポレーションのＨＰより）

毎月の電気代やガソリン代を抑え、豊かに暮らすためにも太陽光発電の標準装備はこれからのスタンダードになるでしょう。

電気代をより抑える「ＬＥＤ照明」も標準装備がお得

このほかにも、電気代をより抑えられる標準装備としては「ＬＥＤ照明」も意外と見逃せない部分です。

ＬＥＤランプの価格は白熱電球より割高ではあるものの、省電力かつランプそのものの寿命が長いため、一説によると約１５００時間（約９か月）使ったところでコストが逆転する、という話もあります。もしも全室の照明がＬＥＤランプであることが標準装備なら、長い目で見たときにお得だということです。

3　太陽光発電のある暮らしをさらにお得にする「蓄電池」

蓄電池を設置するメリットは2つ

蓄電池の重要性についても、これまでお伝えしてきたとおりです。

蓄電池を設置するメリットをまとめると、大きく次の2つに集約できます。ちなみに、ここでいう蓄電池とは、私たちも取り扱っているテスラ社のパワーウォールのことを指します。パワーウォールはスタイリッシュなデザインでありながら、13・5キロワットアワーという大容量で高出力を実現した家庭用の蓄電池です。

蓄電池があれば災害時でも普段どおりの暮らしが継続できる

蓄電池を設置するメリットの1つ目は、太陽光発電のシステムと連携させることで、電気代が抑えられることです。日中は太陽光のエネルギーで発電した電力を使いながら蓄電池に充電し、夜間は蓄電池にたまった電力を使うことになるので、電力の自給自足がかなうようになるのです。

蓄電池のメリットの２つ目は、災害時に役立つということです。もしも地震や台風などで停電になっても蓄電池があれば自動的にメイン電源に切り替わるため、真っ暗な部屋のなかで設定作業に時間と手間をかけることなく、普段どおりに生活し続けることができるのは何よりの安心ではないでしょうか。

蓄電池は家に住んだ後で別途設置するよりも標準装備の家に住むほうが、新たに工事がかからない分、お得です。

太陽光発電を活用して自給自足をかなえる家に住むなら、蓄電池もセットで標準装備の家を選択することをおすすめします。

4　災害に強い安全な家に必須の「耐震×減震」

耐震×減震を考えた標準装備

どんな家に住むのかは、経済的なことだけではなく、大切な家族の命を守ることにも大きく関わってきます。

活断層が無数に分布している日本は、どこに住んでいても地震対策が必要だということを物語っているでしょう。だからこそ、地震に強い家づくりをするのは、後から「オプション」で追加するのではなく、最初から「標準装備」でおこなうべきだと思います。

災害に強い家づくりのキーワードは「耐震」と「減震」です。この2つが組み合わさった「耐震×減震」を考えた標準装備のある家を建てて、家族を守りましょう。

地震の強い揺れを「面」で受け止める

そもそも耐震とは、家を強くすることで地震の揺れに耐えようとする構造のことをいいます。たとえば、私のところでつくっている家では、震度6強～7レベルの1・5倍の力に対して倒壊や崩壊をしないような強度で建てられている消防署や警察署などと同等の「耐震等級3」を取得しています。

具体的には、材料と材料の接合部に専門の金具を用いて補強し、家を強くします。また、柱や梁、パネルなどの材料の連結も強固にして、どんな揺れにも対応できるようにしています。それぞれを金具でしっかり固定して、横の圧力やねじれにも耐えるような構造を実践しているのです。

ほかにも、「面」の強度を強くした家づくりも大事。地震は揺れ戻しがあるので、筋交いだけで固めた家より、気密パネルを全面に貼った合板を使った「面」で固めた家のほうが強くなるのは当然のこと。地震の強い力を「面」全体で受け止めることで、「枠」だけの筋交いで固めた家より2倍の強度を誇るといわれています。

「揺れない家」で室内にいる家族を守る

耐震と同じくらい、強い家づくりに欠かせないなのが「減震」の対策です。

免震という考え方がありますが、これは地震の大小にかかわらず、すべての揺れを軽減するもので公共施設やビルなどに適用されます。ただ、これには費用がかかりすぎるため、一般的な家づくりには現実的ではありません。

一方で、減震は大きい地震にのみ効果を発揮し、揺れを軽減するものです。耐震とともに、この減震の対策をしてある家が標準装備だと安心して住める家だといえます。

ところで、「減震とは、揺れを軽減すること」とお伝えしましたが、なぜ揺れを減らすことが大切か、おわかりになりますか？

大きな地震が発生したとき、死傷の原因の多くは屋内の家具などの倒壊だからです。たとえば部屋のなかが激しく揺れると、エアコンやテレビ、照明やテーブルなどが容赦なく飛んできて人に当たります。それが死傷の原因となるケースは非常に多いのです。

だからこそ、「揺れない家づくり」をしなければなりません。

私たちのつくる家は減震装置として震度7を震度4にするシステムが標準装備としてついて

いるのはそのためです。

「耐震×減震」が標準装備の家に住むことで、1人でも多くの人の命を守れればこんなにうれしいことはありません。

5 〝キレイで便利〟をかなえる「多機能キッチン」

あったら便利だなというものの標準装備

家づくりをするとき、とくに女性がもっとも気になる場所はキッチンではないでしょうか。お客さまにモデルハウスを内観していただくときも「キッチンを見たい」「キッチンはどうなっているの?」といったキッチンへの注目度の高さを示す声の大きさを実感します。

ところで、「標準装備」と「オプション」という選択があった場合、もちろんハウスメーカーによっても異なりますが、一般的には次のように設備が分類されていることが少なくありません。


【標準装備に含まれていることの多い設備】
・ダウンライト
・インターホン

・階段などの手すり
・網戸など

【オプションに含まれていることの多い設備】
・太陽光発電
・食器洗い乾燥機
・床暖房
・壁面収納など

標準装備が充実していることの大きなメリットは、最終的な金額を把握しやすいことです。とくにキッチンは「あれもつけたい」「これもほしい」となることが多いため、オプションで設備を追加するたびにあらたに費用がかかってしまうことになるものです。

その点、標準装備として必要なものが最初からたくさんついていれば、追加料金がかかる心配はありません。

たとえば、私のところで建てる家に標準装備としてついているキッチン内の設備には、次のようなものがあります。

いずれもお客さまの立場に立って、「あったら便利だな」と思うものばかりですので、ぜひ家づくりの参考にしてください。

「レンジフードの掃除が面倒」も標準装備で解決

いろいろなタイプはあっても、キッチンに求められる共通のことは「デザイン性」と「機能性」の高さでしょう。

つまり、「キレイで便利」ということに尽きるのではないでしょうか。

とくに「便利」のほうは、「料理がしやすい」「掃除が簡単」というように実際に住んでみてから実感することが多いはず。細かい部分まで標準装備だと、使いやすいキッチンであることに間違いはありません。

たとえば、「レンジフードの掃除が面倒くさい」という経験がある人は多いと思います。油でベトベトのフィルターを定期的にゴシゴシ洗うのは意外と重労働だしストレスでしょう。

そこで私たちは、フィルターのないタイプのレンジフードを標準装備にしました。これなら、オイルトレーにたまった油を捨てて、フッ素加工した表面をさっと拭くだけで、お掃除が完了するからです。

人気の高い食器洗い乾燥機も標準装備であると重宝するものです。食事の後は、食器に残った食べ物を移動させて、機械に入れるだけなのでお子さんでも簡単にお手伝いができます。

実際に食器洗い乾燥機を使ってみた人の意見として、「食後の後片づけの時間が短縮できるだけでなく、手洗いしていたときより水道代がかからなくなった」という感想もあるようです。

「大型食器棚」「ＩＨ調理器」「ビルトイン浄水器」も標準装備だと家事が楽になる

天井まで高さのある造りつけ大型食器棚の標準装備も好評です。食器や家電、調理器具や食材などすべてが収納できるのに、普段は引き戸を閉じていれば見た目もスッキリと生活感が出ません。住んだ後から、食器棚や家電棚を買い足していくよりも統一感のあるキッチンになるのもメリットです。

そのほかにも、五徳のデコボコがないためフラットで、お掃除が楽になる「ＩＨ調理器」や、いつでもキレイなお水を飲むことができる「水栓一体型ビルトイン浄水器」、固くて強い「人造大理石のカウンターとシンク」なども、標準装備でついていると家事に対するストレスが軽減できるでしょう。

６　24時間３６５日キレイな空気で家中が満たされる「熱交換換気システム」

キレイな空気で暮らしをかなえる標準装備

さまざまなアレルギーやウイルスで悩む人が増えている時代、これからは「家のなかの空気の質」も生活の豊かさを大きく左右する要素になります。

キレイな空気が満ちた暮らしをかなえるための方策の1つとして、今住んでいる家に空気清浄機を取りつける、という選択もあります。

ですが、せっかくこれから家づくりをするのであれば、標準装備で「24時間キレイな空気が流れる家づくり」をおすすめします。

これまでの換気システムの2つの問題点をクリアにした新システム

これまでも、一般的には換気システムが備わっている家は存在していました。ただ、多くの場合、外の空気がそのまま室内に流れ込み、排気口の近くから出ていくだけの仕組みだったのではないでしょうか。

そこには2つの問題点が考えられます。

1つは、外の空気を室内にそのまま給気すると、室内に花粉やPM2・5、ホコリといった身体に取り込みたくないものまで入ってきてしまう点です。

もう1つは、冬場なら冷たい空気が室内に入り、エアコンであたたまった室内の空気が出ていってしまい、夏場ならあたたかい空気が入って冷たい空気が排出されてしまうことになる、という点です。

この2つの問題点をクリアにする換気システムを標準装備にすることで、24時間365日いつでもキレイな空気が流れる家づくりをかなえることができるようになります。

さらに、この換気システムによって、エアコンなどの空調機器の負担が軽減され、結果として電気代の節約にもつながります。住む人の健康や快適さだけでなく、家計にも優しい家づくりが実現できるのです。

花粉は約99・8%、PM2・5は約98%除去する換気システム

たとえば、私たちのところでは「エコアイ24時間熱交換換気」と呼ばれる換気システムを標準装備として採用しています。

アレルノンフィルターという給気フィルターに外気を通すことで、ウイルスに汚染された粉塵やホコリなどを除去し、キレイな空気だけを室内に取り込むようにします。その際、家の床下にあるエコアイ熱交換機に空気が運ばれ、熱交換がおこなわれます。

すると、冬場は外の冷たい空気と室内のあたたまった排気をし、夏場は外のあたたまっている空気と室内の冷えた空気をそれぞれ熱交換するので、「冬はあたたかい新鮮な空気を、夏は冷たい新鮮な空気」を24時間３６５日、室内に取り込むことができるようになるのです。

エコアイ24時間熱交換換気のシステムでは、花粉は約99・８%、ＰＭ２・５は約98%の割合でカットすることができるとされています。メンテナンスもだいたい月に１回のペースで床下

のフィルターを交換するだけというお手軽さです。

小さなお子さんのいらっしゃるご家庭はもちろん、アレルギー対策としても高性能な換気システムが標準装備でついているのは心強いことではないでしょうか。

実際にお住まいのお客さまからは、「目には見えないけれど、家のなかの空気がキレイなことは体感できる」という声もいただいています。

そのほかにも、家族の健康を守るサポートするためのものとして、「無垢材の床」も標準装備です。

優しい肌触りと木の香りで心身ともに癒してくれる無垢材の床は、花粉やＰＭ２・５などをブロックすることや、冷え性改善にも効果が期待できるでしょう。

また、断熱性の高い家はエアコンの使用頻度が減り、環境への負担軽減にもつながります。

7　冷暖房効率をアップさせる「発砲ウレタン吹付」「断熱外反射断熱シート」

断熱性の高い家づくりが不可欠

「夏は涼しく冬はあたたかい」という快適な家に住むために重要なのは、「断熱性の高さ」です。

いくらデザインが素敵でも、夏は暑く冬に寒ければエアコンをフル稼働させなくてはなりません。

せっかく太陽光発電や蓄電池などで電気代をゼロにしようとしても、使う電気代が莫大にかかるようであればマイナスになってしまうでしょう。

だからこそ、これから建てる家が断熱性を高める対策をしているかどうかは大事なポイントになります。

１年中快適で冷暖房効率のいい部屋に住むためには、断熱性の高い家づくりが欠かせません。

壁や屋根に断熱性と気密性を高める素材を使う

具体的に、こんなところが標準装備になっていると、「この家は断熱性の高さを意識しているな」と思う部分は２つあります。

１つは、「発砲ウレタン吹付断熱」です。

これは壁と屋根に、断熱性の高い硬貨ウレタンフォームを吹きつけて、モコモコとしたウレタンでスキマを埋めるようにして気密性を高めます。

もう1つは、「外反射断熱シート」です。

これは宇宙服と同じ素材の特殊なシートで家全体を包み込むものです。

このシートは赤外線を約80％反射するといわれているもので、断熱性をよりアップさせます。

この2つのほかにも細かいところでは、結露しにくい高断熱の樹脂サッシや、アルゴンガス入りのガラスなどを使うことで断熱性の高い家はつくられます。

壁や屋根などに必要な作業は、実際に家に住んでからは難しいことが多いので、あらかじめ標準装備であると非常に便利です。

さらに、これらの断熱装備が標準で備わっていることで、冷暖房効率が高まり、年間の光熱費も大幅に削減できます。

初期投資として考えた場合でも、断熱性が優れた家は長期的に大きな節約効果をもたらしてくれるでしょう。

おわりに

「人と街を豊かに」——これは当社のビジョンです。「はじめに」でもお伝えしたように、私は子どもの頃から祖母に「いつでも人として正しいことをしなさい」と教えられてきました。正直に生きることは、私の生涯の信念でもあります。

それは、仕事でも同じことだと思っています。誠実なビジネスのなかには必ずよろこびがあふれ、お客さまから「ありがとう」をたくさんいただけます。そのたくさんの感謝の気持ちや善意が広まっていくことで、個人だけでなくコミュニティーや街全体に心豊かな人が増えていくと信じています。

私は、私の社員たちにも同じ考えでいてほしいと願ってやみません。お客さまに対し、決して嘘をつかせたくないのです。

たとえば、目先の契約をとりたいがためにお客さまに強引に迫ったり、嘘をついたりすることも絶対に許しません。一生に一度の大きなお買い物をするのに、「調子のいい営業マンの口車に乗ったために、不本意な家を買わされて不幸になった」とお客さまに思っていただきたくないからです。そして、社員たちにも「お客さまがよろこんでくださって本当によかった」と、自分の仕事に誇りを持って続けていってほしいからです。

お客さまの将来を自分事としてとらえ、メリットとデメリットを正直にお伝えし、納得したうえで次の段階に進んでもらうこと。スピードが求められる時代において、これは一見、泥くさいアプローチかもしれません。ですが、「いつでも人として正しいことをしなさい」というシンプルなことこそ、信頼関係を結ぶものだと思うのです。

「住んでよかったと思える家しか売りたくない」と思って仕事をしているからこそ、私の社員たちの約9割が、自分たちが住む家を自社で建てています。実際に、社員たちからはこんな声もあります。

「太陽光発電と蓄電池を装備した家を建てたのですが、実際に住んでみると、毎月の固定費の部分で今までの生活と比べて負担がゼロ円になり、家族が『本当に?』と驚いていました。また、標準装備として機能にもこだわっているので、『夏は涼しく、冬はあたたかい』も体験できています。それにより、エアコンの使用時間も以前より減った気がします。自給自足の家は本当にお得です」

「ほかの住宅会社のお話を聞いても、圧倒的に違うのは搭載量。大容量の蓄電池を乗せることで、たくさん使う朝の時間帯もしっかりと自宅の電気でまかなえるので毎月の電気代はゼロ円。あまった電気は売っているので、住みはじめてからそれを体感したときは本当に感動でした」

太陽は、これからも値上げをしないですし、ずっと無料だからこそ、エネルギーとして活かさなければ損です。そのことに、これから家づくりをする方が気づきますように。そして、1人でも多くの方が豊かに暮らせる未来を願っています。

最後までお読みくださって、どうもありがとうございました。

三好　修

著者略歴

三好　修（みよし おさむ）

株式会社チタコーポレーション代表取締役
1967 年愛知県豊田市出身。愛知県立三好高等学校、サイバー大学卒。高校卒業後、不動産会社に就職。
寝食を忘れ必死に働き 1 年後にはトップ営業マンに。
2 年後には店舗主任として 1 か月 70 件もの契約を結ぶ。
1995（平成 7）年に 27 歳で創業、現在 29 年目。
小学校からサッカーに打ち込む。
座右の銘は「スピードは最高のサービス」。

3000 万円以上節約できる！
絶対に損しない「家の買い方」がわかる本
～電気、ガス、ガソリン代を一生払わない家を建てる～

2024年 11 月29 日　初版発行

著　者　三好　修　

発行人　森　忠順

発行所　株式会社 セルバ出版
〒 113-0034
東京都文京区湯島 1 丁目 12 番 6 号 高関ビル 5 B
☎ 03（5812）1178　FAX 03（5812）1188
https://seluba.co.jp/

発　売　株式会社 三省堂書店／創英社
〒 101-0051
東京都千代田区神田神保町 1 丁目 1 番地

印刷・製本　株式会社 丸井工文社

Printed in JAPAN
ISBN978-4-86367-930-6